魔 女 の 食 卓

季節と暮らしを楽しむ
4つのテーブル

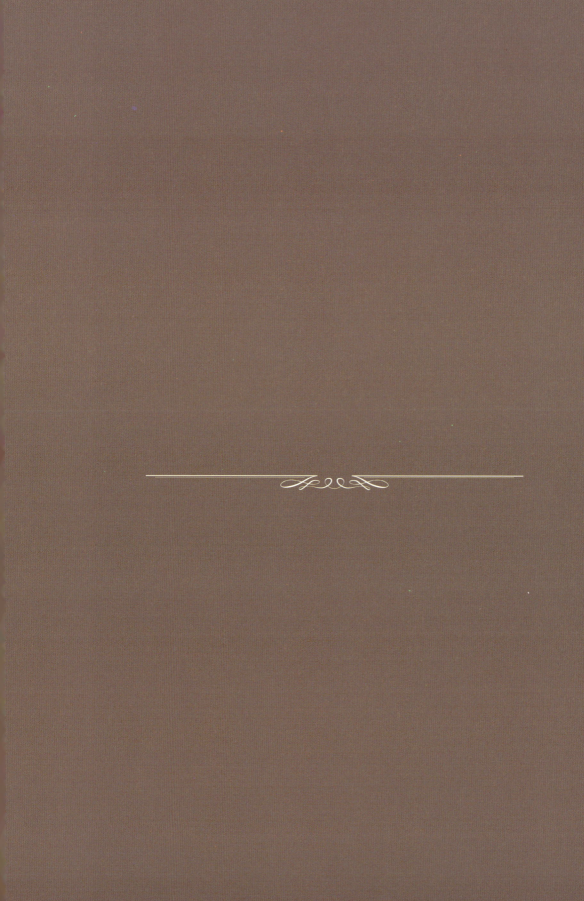

ささやかな一日を大切にしたいと願っているあなたへ

どんな時代でも
どんな国でも
お料理すること、食べること、食卓を誰かと囲むことは
人の大切な営みでした。

色や味、香り、食感、そして音。
誰とどんな風に食べるのか。
お料理には五感のすべてがあり
手仕事と暮らしと、たくさんの愛があります。

この本は、4人の女性たちのお料理と食卓についての物語です。
どこにでもある小さな町に暮らす彼女たちですが、
その台所から生まれる食卓は、まるで魔法のように
はるか遠い国々や深い森の奥、はたまた一輪の花のなかの宇宙へと
わたしたちを連れだしてくれます。

人生がそれぞれの冒険ならば
お料理はさながらその冒険を豊かで美しいものにする　魔法のようなもの。

この本を手にとってくださって　ありがとうございます。
そして、ようこそ　魔女の食卓へ。

はじめに・・・・・2

目次・・・・・4

ブロカントカフェ

クミック

昼下がりのサロン・ド・テ・・・・・8

ヴァカンス万歳・・・・・17

ビストロ・クミック・・・・・26

パリ13区の旧正月・・・・・35

チムグスイ

鈴木七重

春爛漫の野草料理・・・・・46

フレッシュハーブの食卓・・・・・55

秋の実りをドライハーブで・・・・・64

冬のごちそうハーブ料理・・・・・73

穂谷野奈緒美

アラブの砂漠のロマンス・・・・・84

ヌーディー・キュイジーヌ・・・・・93

メキシカン!・・・・・102

年の瀬の寒い夜に楽しむ火鍋・・・・・111

羅漢

加藤敦子

早春花見立て・・・・・122

万緑の中へ、ようこそ・・・・・131

実りの秋、豊作を祝う御膳・・・・・140

Feliz Navidad!・・・・・149

profile・・・・・158

“Si vous n'êtes pas capable d'un peu de sorcellerie,
ce n'est pas la peine de vous mêler de cuisine...”

Colette

ブロカントカフェ

Brocante Café

クミック

パリに住んで働いて10年経って、故郷である富士山の麓にカフェを開いたクミック。
「素敵なもの」はすべて想像から生み出され、“ないものは自分で作る”主義によって手作りされています。ウイットとユーモアととびきりのお洒落を伝授してくれます。

春

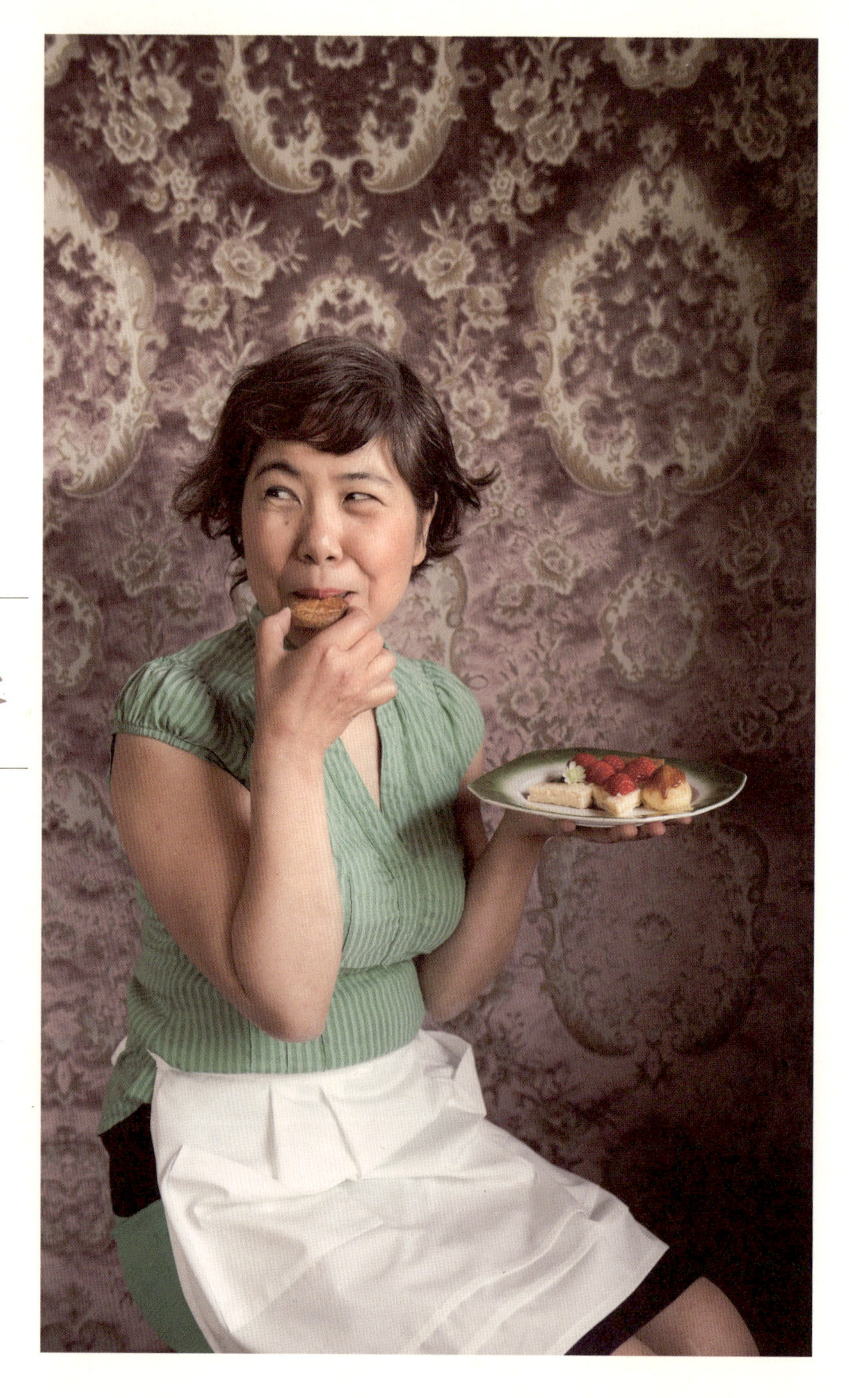

昼下がりのサロン・ド・テ

ちょっと耳慣れない言葉ですが、パリでコーヒーやお茶とお菓子、軽食を楽しむための場所といえばサロン・ド・テ（＝ティー・ルーム）のこと。カフェよりもちょっとシックでエレガント、マダムたちが春の午後をおしゃべりしながら楽しむのにふさわしい女性らしい華やかさがあるお店が多いようです。サロン・ド・テは、例えばお昼を食べそこなって甘いものをひと口いただきたいな、なんて時にはまさにぴったり。クミックのお店にも大きなガラスの瓶があって、そこにいろいろな焼き菓子がぎっしり入っています。小さな子どもみたいに「これとこれを１つずつ…」なんて言いながら、ポーションでお菓子をいただけるのも魅力的。うっとりとするようなやわらかな日差しが降りそそぐ春の午後、クミックのサロン・ド・テのオープンです。

この日ブロカント・カフェのドアを開けると、焼きたてのタルトやキッシュの、香ばしく甘い香りがお店中に漂っていました。たっぷりと並べられた色とりどりの焼き菓子や果物のシロップ漬けは、さながらモンゴメリの物語に出てくるご婦人たちのお茶会のよう。リバティ・プリントのクロス使いは、甘くなりすぎないようにエスプリを効かせた色合わせ、スタイルはごくシンプルに、というのがクミック流のエレガント・シックです。女性らしい華奢なお花たちもあえて無造作に活けて、スイートなだけではない大人のサロンを演出します。

そして、フランスらしい食を取り入れたいなら、覚えておいて欲しいのがこの“パート・ブリゼ”。これが上手に作れたら、キッシュもタルトも半分は成功したといえる基本の生地の一つです。「手で揉むように、そうね、砂遊びみたいにやるの」。こねくりまわすのはご法度。この作業はサブラージュといって、まさに「砂を撒く」の意で、サクサクとした生地を作りたいときに、粉とバターをまぜてホロホロの状態を作ること。さて、この生地を使って見た目にも鮮やかに仕上げたキッシュが本日のテーブルの主役です。キッシュの付け合せは春野菜たっぷりのグリーンのサラダ。そして、お茶と一緒に楽しみたいのは春らしいいちごタルト、「パン屋さんで売ってる簡単なお菓子」とクミックが呼ぶシューケット（シューの生地にザラメをかけて焼いたもの）にシュークリーム、「誰でも知っているお菓子だけど、自分で焼くと思いのほかおいしい」といわれるラング・ド・シャ。

こうした焼き菓子や保存食は、時間と手間を惜しまず、一度にたっぷりと量を作るもの。そういう仕事を終えて、さあこれでお客様が大勢来ても大丈夫！と、テーブルを眺め渡して幸せな気分になるのが料理する人の喜びかもしれません。イギリス風に贅沢に茶葉をいれた温かなティーポットを用意したら、春の午後のおしゃべりな時間がスタートです。

アスパラと生ハムのキッシュ

パート・ブリゼ
<練り込みパイ生地>

[26cm のタルト型]
小麦粉 ･････150g
無塩バター ････· 75g
塩 ･････ 2 つまみ
水 ･････ 50 ～ 60ml

①大きめのボールに小麦粉を入れ小さくカットした無塩バター、塩を加える
②スケッパーで切るように小麦粉と無塩バターを混ぜ合わせた後、手のひらで小麦粉と無塩バターをすり合わせる。あまり混ぜ過ぎない方が良い
③水を加えて生地をまとめる。(水は生地をまとめるために入れるので小麦粉と無塩バターがある程度固まるぐらいで O.K.)
④ラップに包んで冷蔵庫で 30 分～ 1 時間ほど休ませる。
⑤オーブンを 180℃ ぐらいに温めておく
⑥のし板に小麦粉を振り、生地を 2mm ぐらいの厚さになるように均等にローラーで伸ばす。延ばした生地をタルト型に載せて生地を押さえながら敷き込む。タルト型の上にローラーを回して余った生地をカットする
⑦フォークで生地に穴を開ける
⑧生地の上にオーブンシートを敷きタルトストーンをのせてオーブンで 12 分ほど空焼きする
⑨タルトストーンをとって軽くきつね色になるまでさらに 8 分ほど焼く

<ガルニチュール>
アスパラ ..... 10 本
生ハム 30g
玉ねぎ 100g
生クリーム 200ml
卵 ..... 4 個
グリュイエールチーズ、または
ピザ用のシュレッドチーズ 50g
オリーブオイル 10ml
塩 ..... 少々
胡椒 ..... 少々

①玉ねぎは皮をむき半分に切り繊維と同じ方向で薄切りにする
②オリーブオイルをフライパンに入れ玉ねぎを半透明になるまで焦がさないように炒め、塩胡椒する
③アスパラは根元の堅いところをカットして 1/2 に切り茹でる。下の半分は斜めにスライス、上の部分はタテに半分にカットする
④空焼したタルト生地に玉ねぎ、斜めに薄切りにしたアスパラ、生ハムを均等に並べる
⑤卵、生クリームをボールに入れかき混ぜ塩胡椒して、チーズを加える
⑥⑤をタルト型に流し込み飾り用のアスパラ乗せオーブンに入れる
⑦ 180℃で 25 分ぐらいこんがり小麦色ぐらいになるまで焼く（ご自宅でご使用のオーブンによって焼き時間は多少前後します）

<グリーンサラダ>
ベビーリーフ ..... 1 袋
サニーレタス ..... 1/2 個

<ヴィネグレット（ドレッシング）>
塩 ..... 2 〜 3 つまみ
胡椒 ..... 少々
ワインヴィネガー ..... 大さじ 1
オリーブオイル ..... 大さじ 2

①ベビーリーフ、サニーレタスを洗い、良く水を切る。サニーレタスの芯の部分は取り除き食べやすいサイズにちぎる
②サラダスピナーで水気を切った後、キッチンクロスに包み、ビニール袋に入れて冷蔵庫に入れておく
③サラダボールにワインヴィネガー、塩胡椒を加えよく混ぜたらオリーブオイルを入れ、さらにかき混ぜる
④サラダを上にのせて食べる時にドレッシングと合える

いちごのタルト

<パート・シュクレ>
お菓子用の生地
25cmのタルト型
小麦粉……150g
バター…… 75g
砂糖……90g
塩……ひとつまみ
卵……1個

①バターを室温に戻し砂糖と塩を加えポマード状になるまで混ぜ合わせ卵を加える
②よく振った小麦粉を加え混ぜ合わせる
③冷蔵庫で30分〜1時間ほど寝かす
④オーブンを160℃ぐらいに温める
⑤のし板に小麦粉を振りサブレ生地を2mmほどにのし棒で伸ばす
⑥タルト型に伸ばした生地を載せてきっちりと敷き詰める。のし棒でタルト型からはみ出した生地をカットする。フォークで生地を数カ所刺す。オーブンシートをタルト生地の上に乗せてタルトストーンをのせる
⑦12分ほど空焼きしたらタルトストーンを取り、さらに8分ほど焼く。きつね色になったらオーブンから取り出す

<カスタードクリーム>
卵黄……2個分
砂糖…… 45g
小麦粉……10g
ヴァニラ……1本
牛乳……280ml

①卵黄に砂糖と小麦粉を加え泡立て器でよく混ぜる
②ヴァニラのさやに切り込みを入れてヴァニラビーンズをナイフで掻き出し牛乳と混ぜ合わせておく
③卵黄の中に牛乳を加えさらに泡立て器でよくかき混ぜた後、濾し器で漉す
④鍋に入れてスパチュラで休むことなくかき回し沸騰してとろみが出たら1分ほどかき混ぜ続ける。バットに入れて冷ます
⑤焼きあがったタルト型にカスタードクリームを均等にのせる
⑥半分に切ったいちごをタルトの上に並べる

シューケット

小麦粉 ····· 150g
バター ····· 100g
水 ····· 250ml
塩 ····· 小さじ 1
卵 ····· 3～4 個（卵のサイズによる）
あられ糖なければ
ザラメ ····· 50g
※今回はザラメを使用しています

①オーブンを 180℃に温める。小麦粉を振る
②鍋の中に水、バター、塩を入れて沸騰させる
③鍋を火から外し小麦粉を加える
④木べらでかきまぜ、30 秒ほど火にかけながら生地を練る
⑤ボールに生地を取り出して卵を一つ加えて木べらでかき混ぜる。ペチョッペチョッと音がして卵が生地と混ぜ合わさったら残りの卵を一つずつ加える
⑥スパチュラに生地を乗せて少し垂れるぐらいの柔らかさになったら絞り器に入れる
⑦オーブンシートを天板に敷き、直径 3cm ほどのサイズにシュー生地を絞る
⑧尖ったシュー生地を指先に水をつけて丸めたら、あられ糖をひとつまみシューの上にそっと乗せる
⑨オーブンに入れて 25 ～ 30 分ほどこんがりするまで焼く
※シュー生地の中にグリュイエールチーズ 60g を混ぜ込んで焼けばグジェールというおつまみにもなります。あられ糖を乗せずに焼いてカスタードクリームを詰めればミニシュークリームの出来上がり

夏

ヴァカンス万歳！

目に鮮やかな緑がまぶしい夏がやってきました。ヴァカンスを楽しむパリの人たちは、田舎に出かけたり、家族や友人と集まって、のんびりした時間を過ごします。そんな夏の夕暮れ時を楽しむのがアペリティフ。フランス語で「食前酒」を意味する言葉ですが、ディナーよりも軽いものをつまみながら、友人や家族と語らう集まりです。アペリティフのお料理は、前もって準備しておけるオーブン任せの焼きものや、カナッペやディップなど。クミックは「フランスでは、女性が台所にこもっていることなんかないですよ。みんなでおしゃべりして時間を分かち合うことが大切だから」と言います。たしかに、キッチンに閉じこもって格闘する主婦を待ちわびて、お料理も場も冷めていく…だなんて、悲しすぎます。さあ、仕度が整ったら、シャンパンの泡が消えないうちに乾杯しましょう。

陽ざしが長く延びた夏の遅い午後。クミックのアペリティフが始まりました。今日のお客様は、近くの友人たちやその子どもたち。庭に出したプールで子どもたちはさっそく水遊びを始めます。テラスに出したテーブルには、爽やかな麻のクロスを敷いて。メニューはアペリティフらしく、気軽につまめる、でもごちそう感のある華やかなものを選びます。自家製のフォカッチャに添えるディップは、ギリシャのザジキ、チュニジア風ニンジンサラダ、レバノン風のウムス、ナスのキャビアと、夏らしい異国情緒を揃えました。メインには、マーマレードで漬け込んでシンプルにローズマリーの香りで仕上げたポークリブのグリルと、ピッツァよりも軽い食感が後を引く塩味のタルト・サレ。そして、果汁たっぷりのフルーツとオレンジジュースで作る、体も心も潤うフルーツサラダで涼やかさを演出します。

「夜ごはん、ていうよりもまだ陽があるうちに始まる方が開放感があるでしょ？それがアペリティフの楽しみなんですよね」とクミック。庭で遊ぶ子どもたちの声を聴きながら、立食で乾杯したら、にぎやかに会の始まりです。フランスでは、気が置けない友人同士を引きあわせたりするのもこんな気軽な場であることが多いそう。「日本ではみんなあまりやらないけど、そろそろあってもいいんじゃないかなぁ？堅苦しくない大人の”社交”がね…」。クミックのいうとおり、テラスにテーブルを出すだけでカジュアルな気分が高まって、おしゃべりも弾むというもの。ホームパーティというとお家の大掃除から始めなきゃなんて思ってしまいがちですが、テラスやお庭をうまく使えば、招く方も招かれる方も、もっと気楽に集まれそう。いよいよ陽が暮れてきたら、ランプに灯りを点して大人のおしゃべりタイムです。

ディップ4種

ザジキ、ギリシャの
きゅうりとヨーグルトのサラダ

ヨーグルト ·····450g
きゅうり ·····2本
にんにく ·····1/3かけ
ミント ·····10g
オリーブオイル ·····50～60ml
塩 ····· 小さじ1/2
胡椒 ····· 少々
レモン ·····1/2個

①ヨーグルトはコーヒーフィルター、キッチンペーパーなどをザルの上に敷いて一晩水切りする
②きゅうりは千切りまたはスライサーでカット。（スライサーの方がランダムな切り口になるのでベター）塩をひとつまみ加え揉む
③軽く絞ったきゅうりに水切りしたヨーグルト、にんにくのみじん切り、ミントのみじん切り、レモン汁を加えオリーブオイルを少しずつ加えていく。塩コショウで味を整える

ウムス（ヒヨコ豆のディップ）
レバノン風

乾燥ヒヨコ豆 ·····100g
ゴマペースト ····· 大さじ1
塩 ·····2～3つまみ
胡椒 ····· 少々
ニンニク ····· 少々
オリーブオイル ·····30ml

①乾燥ヒヨコ豆を5～6時間水につけておく
②鍋に水と戻したヒヨコ豆を入れて1時間～1時間半茹でる。豆が柔らかくなったら火からおろし水を切る。（ゆで汁は取っておく）
③フードミキサーにヒヨコ豆、みじん切りしたニンニク、塩、胡椒、ゴマペースト、ゆで汁を大さじ2～3杯入れてミキサーを回す。少しつぶれたところでオリーブオイルをに入れて、ミキサーを回す、を2～3回繰り返す。クリーミーな感じになったらO.K.

チュニジア風人参のサラダ

ニンジン ·····3本
ニンニク ·····1/3かけ
アリッサ ····· 小さじ1/2～1
※halissa　北アフリカ料理に使用する唐辛子のペースト
レモン ·····1/8個
コリアンダー（粉末）····· 少々
オリーブオイル ·····10ml
塩 ····· 小さじ1/2
胡椒 ····· 少々

①ニンジンは皮をむき2～3cmぐらいの輪切りにする
②鍋に水を入れニンジンをゆでる。（水から入れて13～15分。ニンジンが柔らかくなるまでよく茹でる）
③ざるに上げ水を切り、すぐにフォークでニンジンをつぶして荒めのピューレ状にする
④温かいうちに塩、レモン汁、アリッサ、コリアンダーを入れて良く混ぜ合わせ、最後にオリーブオイルを入れる
※通常はゆで卵とトマトを添えてサラダ仕立てにし、パンにつけて食べるが、今回はパンにのせていただきます

ナスのキャヴィア

ナス ····· 大3本
にんにく ·····1かけ
塩 ····· 少々
胡椒 ····· 少々
オリーブオイル ·····50cc
レモン ·····1/4個

①ナスに全体にナイフでいくつも切り込みを入れる
②切り込みにスライスしたにんにくを入れる
③オーブンでナスの皮が焦げるぐらい焼く（30分ほど）
④熱いうちにナスの皮をむき、2～3cmほどに切ってミキサーに入れる（焼けたにんにくも）
⑤フードプロセッサーでミキサーにかけ少しずつオリーブオイルを加えながら粗めのピューレ状にする
⑥塩、胡椒、レモンで味を整える

ポークリブのグリル

ポークリブ……10本
塩……3つまみ
胡椒……少々
マーマレード……大さじ1
香辛料……少々
オリーブオイル……大さじ2〜3
ジャガイモ……4〜5個

①ポークリブを保存用のビニール袋に入れ、塩、胡椒、マーマレード、香辛料を加えよく混ぜ合わせ、さらにオリーブオルを加えて良くもみ合わせる。30分〜1時間ほど置く
②ジャガイモは皮をむきカットして塩胡椒、オリーブオイル、ローズマリー、タイムなどのハーブと混ぜ合わせておく
③オーブンで使用できる鍋、スキレットにポークリブを乗せ250℃のオーブンで20分焼いたら裏がえし、周りにジャガイモを乗せてさらに20分ほど焼く。(ご家庭のオーブンによって焼き時間、温度に違いがあります) お肉は外側がカリッと少し焦げ目がつくぐらい、ジャガイモはきつね色になったらO.K.

タルト・サレ

パート・ブリゼ
<練り込みパイ生地>
※サロン・ド・テのレシピを参照（p.12）

タプナード（ブラックオリーブのディップ）

ブラックオリーブ（種なし）..... 100g
ケッパー ..... 大さじ 1 杯
アンチョビ ..... 1 枚
オリーブオイル 30ml
レモン 1/4
ニンニク ..... 少々
塩 ..... 少々
胡椒 ..... 少々

アーティチョーク 100g
トマト ..... 2 ～ 3 個
パルメザンチーズ 30g

<タプナード>
ブラックオリーブをフードミキサーの中に入れ、ケッパー、アンチョビ、ニンニク、レモンを入れて 20 秒ほど回す。オリーブオイルを 2 ～ 3 回に分けて加え、ミキサーを回す、を繰り返す。塩、胡椒で味を調える。
フードミキサーがない場合は包丁などで細かく叩く。
※余ったら冷蔵庫に保存。パンにディップしても美味しい

①のし板に小麦粉をふるい練り込みパイ生地を 2mm ほどの厚さに伸ばす
②フォークで伸ばした生地に所々穴を開けておく
③タプナードを生地の上に塗りアーティチョークをのせる
④ 1cm くらいの半月切りにしたトマトを乗せる
⑤ 180℃のオーブンで生地が小麦色になるまで 20 ～ 30 分ほど焼く。パルメザンチーズを上から振りかける

フルーツサラダ

オレンジ ….. 2 個
グレープフルーツ ….. 1 個
ブルーベリー ….. 50g
桃 ….. 1 個
メロン ….. 100g
バナナ ….. 1 本
オレンジジュース ….. 200ml
ラム酒 ….. 大さじ 2
ミント ….. 少々
三温糖 ….. 大さじ 3

①オレンジ＆グレープフルーツは皮をむき実を取り出す
②ブルーベリーはさっと洗って水切りをしておく。
桃は皮をむいてくし形に、メロンは 2cm 角に、バナナは厚さ 1cm ぐらいにカットする
③オレンジジュースに砂糖、ラム酒を加え、用意したフルーツをマリネする
④最低 2 ～ 3 時間、一晩ほどおくとフルーツの味がオレンジジュースと混ざり合って美味しい。冷蔵庫で冷やして、ミントの葉を添える

秋

ビストロ・クミック

フランス料理の定番といえば、みなさん何を思い浮かべるでしょう。キッシュやガレット、それともブイヤベースやソースを使ったお肉やお魚…？意外と知られていないけれど、フランス人がランチなどでよく食べるのが、ステーキにフライドポテトを添えたステーキ・フリット。ビストロ料理の定番メニューとして愛されているものだそう。秋が深まる季節、このステーキ・フリットに合わせるのは、シンプルだけどパリらしいサラダと大人の定番デザート２種。食卓はブロカント・カフェの原点回帰ともいえる、シンプルでノーブルな白いお皿が映える色合いで。「シンプルなリネンのクロスでも、真っ白なお皿が出てきたらそれだけで食べ物が美しく見えますよ」。クミックのお皿がすべて白なのはこのためなのです。熱々のステーキと揚げたてのフリットに合わせて芳醇な赤ワインを開けて、実りの秋を楽しみましょう。

BROC

秋風が吹く季節。クミックはテラスでDIYの真っ最中。なにかお祭りや催しを企画するたびに、こうして自分でインクを混ぜてペンキ塗りから始めるのがクミック流。「お店を始めたときも、有りものの箱だった建物を自分でDIYしたんです」と話してくれました。誰かの考えを借りてくるのではなくて、何もないところから考えて作るのが好き。そういうところは、もともとフランス人の気質に近かったのかもしれません。そんなクミックの秋は、フランスの定番的なメニューを看板に掲げる「ふだん通りのブロカント・カフェ」です。まずは「シンプルだけど、ステキなもの」とクミックがいうステーキ・フリット。「玉村豊男さんの本で昔読んだけれど、フランスで胃が疲れたらステーキ・フリットを食べろって。あれね、本当なの。バターや生クリームにちょっと辟易しちゃったなって時なんか、マスタードと塩こしょうでシンプルに焼いただけのステーキがおいしいの」とクミック。サラダは秋になると出始めるアンディーブを主役に。アンディーブは、小舟のような形の葉っぱに何かちょこっと乗せたりして、カクテルパーティの前菜などでよく見かける葉物野菜。これをザクザクと贅沢に使って、リンゴやクルミ、ロックフォールチーズと合わせると、秋らしい滋養があって、とてもお洒落な味わいのサラダができました。

デザートには、クリスマスが近づいてきた印の香り…クローブ、シナモン、ジンジャーをふんだんに使った２品を用意します。洋ナシの赤ワイン煮には、ヴァニラのアイスクリームを添えて、スパイスのプリンはホールで作って大き目にカットします。甘く、温かな香りに誘われてビストロのドアを開けると、アコーディオンのやわらかな音と赤ワインのグラスの触れ合う音、常連の人たちの笑い声が、もう聞こえてきました。

Merveilleuse France

アンディーブのサラダ

アンディーブ（日本ではチコリ）……4～5個
リンゴ……1/2個
くるみ……20g
ロックフォールチーズ……50g
白ワインヴィネガー……10ml
塩……2～3つまみ
コショウ……少々
オリーブオイル……20ml

---

①アンディーブは3cmほどに輪切りにする。根もとは5mmほどにスライス
②リンゴは1/8にカットして2mmほどのいちょう切りくるみは軽くトースターで焼く
③白ワインヴィネガーに塩、コショウを入れてかき混ぜオリーブオイルを加えて混ぜ合わせる
④ロックフォールチーズをちぎって入れ、アンディーブ、リンゴ、くるみを入れてソースと合わせる。最後に少しくるみを上に散らす

ステーキ・フリット

ステーキ肉 .....5 枚
じゃがいも .....6 ～ 8pcs（1.5pcsx 人数）
サラダ油
塩 .....2 ～ 3 つまみ
コショウ ..... 少々
フレンチマスタード（粒の無いもの）

①ステーキ肉は室温にしておく。（焼く 20 ～ 30 分前に冷蔵庫から出しておく）
②ジャガイモは皮をむき半分にしてくし切りにし、水につけておく
③揚げ油を 160℃ぐらいに温めておく
④鋳物のステーキパンを強火で 5 分ほど熱する
⑤ジャガイモをざるに上げキッチンクロスで水分を取り 8 ～ 10 分ほど揚げよく油を切る
⑥ステーキにフォークを数カ所刺し、塩胡椒する
⑦ステーキを片面 2 分ほどずつ焼く。外側がカリッと、中はジューシーに
⑧温めておいたお皿にステーキを乗せ、塩胡椒したフライドポテトを添える

※フレンチマスタードをステーキにつけていただく

BROCANTE CAFE

洋梨のワイン煮

洋梨 ·····3 個
赤ワイン ·····500ml
三温糖 ·····50g
スパイス（ヴァニラ、ジンジャー、シナモン、八角）
アイスクリーム

①洋梨はタテに 4 等分して皮をむき芯を取る
②鍋にワイン、砂糖、スパイスを入れて洋梨を加えてクッキングシートを上に掛けて 4 〜 5 分煮る→さます

カスタードプリン、スパイス風味

卵 ·····4 個
牛乳 ·····560ml
スパイス ····· 少々
（シナモン・ジンジャー・胡椒・クローブ）
ヴァニラ ·····1/2
砂糖 ·····150g

キャラメル
砂糖 ·····50g
水 ····· 少々

①ヴァニラビーンズのさやにタテに切り目を入れ、中のヴァニラビーンズをナイフなどで刮げとり、砂糖と一緒に牛乳の中に入れ良く混ぜ合わせる
②卵を加えて泡立て器で更に混ぜ合わせる
こし器で漉し、スパイスを加える
③鍋に砂糖と少量の水を入れて火にかける
④砂糖が沸々として飴色になったところで火からおろしプリン型に入れる
⑤②を加えてオバンマリー（湯煎）にして 160℃に熱したオーブンで 35 〜 40 分焼く

冬

パリ13区の旧正月

パリの早春でクミックが思い出すのは、パリ13区の”ヌヴェロン・シノワ”。中国の旧正月、春節のことです。その日は爆竹を鳴らしながら獅子舞がパレードし、辺りはお祝いムードに包まれます。13区は、ヨーロッパでも最大級のチャイナ・タウンがあることで知られ、中国、ベトナム、タイなどアジア系の人びとが入り混じって暮らす地域。クミックもパリに住んでいた頃は、よく友人とチャイニーズを食べに行きました。「チャイニーズといっても、パリ13区ではタイや中国、ヴェトナムといった国々のミックスカルチャーが面白いの。2世、3世の子たちが多くてね」と話してくれました。パリではフランス人にとっても、中華やベトナム料理はとても身近なもの。昼間のランチでファストフード的に使ったり、お友達との気軽な食事にも、よく13区を訪れるといいます。

「春節を愛でるって気持ちでこんなお花を用意してみました」いたずらっぽく笑いながら、クミックはお水に差してあった色鮮やかな大輪のダリアや花桃を指さします。大ぶりなダリアはグリーンと一緒に花瓶に、花桃は揚げバナナに…などとあれこれおしゃべりしながら、楽しくテーブルコーディネートを決めていきます。中華をイメージして、花の模様が入った白いクロスやホーロー引きのポット、カラフルな紙の提灯などを使って雰囲気を盛り上げます。この日BGMにクミックが選んだのは、ウォン・カーウァイ監督2001年の映画『花様年華』のサントラ。マギー・チャンとトニー・レオンが'60年代の香港を舞台に演じる官能的で美しい作品で、原題“In the Mood For Love”に似つかわしく、色と香りが匂い立つような映画でした。「実は音楽って、その場所の印象を決めるとても重要な要素。香りもそうだけれど、そういうスパイスみたいなものを大切にしたいのよね」とクミック。
早春メニューは、春節の特別なお祝い料理ではなくて、パリの日常的シノワをイメージして作っていただきました。「パリのチャイニーズでは定番スープ」という酸辣湯、もやしのサラダ、揚げ春巻き、そしてデザートに揚げバナナ。酸辣湯は、家庭の残り物で作るよ

うなふだんの日のスープ。「酸っぱくてピリッとして、どうってことないものなんだけれど、食欲をそそってなぜか進んじゃう。普段のメニューとして人気がありますよ。お店によって味も違うので、お気に入りの酸辣湯を思い出しながら作ってみました」とクミック。もやしのサラダや揚げ春巻きは、パリに住むアジア人がすぐ探せる食材で作るような、これまた定番メニュー。トレッター・シノワと呼ばれるパリのお惣菜やさんなどでよく売っているそう。揚げバナナは、アジアの国ではあちこちで見かけるスイーツですが、なんとなく女の子のデザートというイメージで、お皿に盛りつけるとちょっとした一品に。まだまだ寒さは厳しいけれど、木の芽も少しほころんでくる季節。温かなパリのチャイニーズで、春らしい華やかさを楽しんで。

北京風スープ

タケノコ……50g
干し椎茸……2枚
ニンジン……30g
パプリカ……1/2
サラダ油……10ml
絹ごし豆腐……50g
卵……1個
万能ネギ……20g
片栗粉……大さじ1
水……800cc
酒……20cc
塩……5g
胡椒……少々
生姜……厚切り2〜3枚
根深ネギ……10cm
鶏もも肉……200g
砂糖……大さじ1
塩……2〜3つまみ
醤油……大さじ2
豆板醤……小さじ1〜2（お好みで）
酢（鎮江酢）……大さじ1

①干し椎茸はぬるま湯につけて戻す。戻し汁は取っておく。タケノコ、干し椎茸、ニンジン、パプリカを長さ5〜6cmの千切りにカットする
② 600cc程の水に太ネギと生姜のスライス、塩、胡椒、お酒を加え、さらに鶏もも肉を入れて強火にかける。沸騰したら鍋に蓋をして1時間ほどそのままにする。冷めたら鶏もも肉、ネギ、生姜を取り出しスープは取っておく
③茹でた鶏もも肉を80gほど裂く。（残った鶏肉はハムの代わりに中華総菜店風サラダなどに使っても良い）
④鍋にサラダ油を入れてタケノコ、干し椎茸、ニンジン、パプリカを炒め、裂いた鶏肉を加える。軽く炒めたら鶏のスープと椎茸の戻し汁を50cc程加える
⑤沸騰したら火を弱めて砂糖、醤油、塩、豆板醤を加え味を整える
⑥水に溶いた片栗粉を加えダマにならないようにさっとかき混ぜて一煮立ちさせ火を弱める。溶き卵を入れてスープをかき混ぜる
⑦絹ごしどうふを1cm角ぐらいにカットしてスープに加え、酢を入れる
⑧細かく小口切りにしたネギを最後に加える

パリのアジアン・デリサラダ

<サラダ>
根取りもやし ·····1 袋
ニンジン ·····30g
セロリ ·····50g
キュウリ ·····1 本
ハム ·····2 〜 3 枚
パプリカ ·····1/3 個

<ソース>
マヨネーズ ····· 大さじ 3
醤油 ····· 大さじ 1
米酢 ····· 大さじ 2
塩 ····· 少々
胡椒 ····· 少々
砂糖 ····· 大さじ 1
ごま油 ····· 大さじ 2

①根取りもやしはさっと洗って水気を切る
②ニンジン、セロリ、キュウリ、パプリカ、ハムは 5cm ほどの長さに切ってから千切りにする
③大きめのボールに米酢に砂糖、塩、醤油、胡椒を混ぜ合わせマヨネーズを加え、ごま油を合わせる
④サラダの材料をソースによく絡ませる

ヴェトナム風揚げ春巻

万能ネギ ·····30g
ニンジン ·····80g
春雨 ·····80g
豚ひき肉 ·····200g
きくらげ ·····20g（戻して）
卵 ·····1個
塩 ·····2～3つまみ
胡椒 ····· 少々
砂糖 ····· 大さじ1
ニョクマム ····· 大さじ1+1/2
ヴェトナム春巻の皮 ·····10～12枚
温水・濡れ布巾・油
サニーレタス ·····10枚
ミント ·····20～30枚

＜ソース＞
ニョクマム ····· 大さじ2
にんにく ····· 少々
砂糖 ·····15g
ニンジン ····· 少々
お湯 ·····50cc
ライム ·····1/2

①春雨はお湯につけて戻し、ザルにあげて水分を切る
②万能ネギは細かな小口切り、ニンジン、きくらげは粗めのみじん切り、春雨は1cm程に切る
③ボールに豚ひき肉に万能ネギ、ニンジン、きくらげ、春雨、卵、塩、胡椒、砂糖、ニョクマムを加え混ぜ合わせる
④ニョクマム大さじ2に50ccのお湯を加え砂糖、みじん切りしたにんにく（1/4かけ）、千切りのニンジンをほんの少し加え混ぜ合わせる
⑤ヴェトナム春巻の皮を半円にカットする。ボウルに温水を入れ濡れ布巾をしく。半円に切った春巻の皮を温水に20～30秒つける。（少し硬さが残るぐらいで良い）
⑥濡れ布巾の上に春巻の皮を乗せて大さじ山盛り1杯ほどの具を乗せ包む
（包んだ春巻は濡れ布巾の上に並べて置くとくっつかない）
⑦揚げなべにサラダオイルを入れ150度ぐらいの低温で10～12分ほどでじっくり揚げる。温度が高すぎると皮が破れてしまうので注意する。お箸で春巻を持った時にカリッと硬く揚がっていたらO.K.
⑧敷き紙の上に乗せてしっかり油を切る
⑨サニーレタス、ミントを添えて皿に盛り付け、ソースを添える
⑩サニーレタスにミント、その上に揚げ春巻を乗せくるっと包んでいただく

揚げバナナ

バナナ ４本
小麦粉 90g
牛乳 120ml
ベーキングパウダー 小さじ１
サラダ油 ..... 適量
三温糖 ..... 大さじ４～５

①小麦粉にベーキングパウダーを加え牛乳を加えよく混ぜ合わせる
②バナナの皮をむき、半分の長さに切り、さらに縦に半分に切る
③鍋にサラダ油を入れ180℃ぐらいに温める
④バナナに衣をつけてきつね色になるまで揚げる
⑤揚げたバナナをキッチンペーパーの上に乗せ油をしっかり切る
⑥三温糖をバナナの上に振りかける

チムグスイ

Chimugusui

鈴木七重

自分自身のためにアロマを学び始めてから、植物の魅力に目覚めたという七重さん。「衣食住」に使える身近な植物との暮らしとその効用を提案し、広めています。七重さんの大らかな笑顔と、植物を美しく生かす手法が、日々の暮らしを美しくします。

春

春爛漫の野草料理

草木が芽吹く季節にいただく、色とりどりの野草や草花をふんだんに取り入れた春のメニュー。まだ人間が農耕を始めていなかった遠い昔、冬の寒い時期には食べ物がないので、身体は新陳代謝を低くして、栄養をため込む仕組みになりました。でもいらないものも一緒にため込んでしまうので、暖かくなってきたら今度はそれを排出したくなる。野草は苦みの強いものが多く、身体はその苦みの成分を微量の毒が入ってきたと判断して排出しようとするので、それに気づいた人々が、春の野草をそういう風に利用するようになったのでしょう。「利尿作用が高まったり、お通じが良くなったり。野草を身体に取り入れることで、新陳代謝が促されます」と七重さん。新緑が萌え、いっせいにお花が咲きはじめる春から初夏。和の野草やハーブを上手に取り入れて、不調になりがちな季節を乗り越えましょう。

お部屋いっぱいに広げられた野草や草花は、七重さんのお友達が管理している天竜の山で摘ませてもらったもの。以前の七重さんは、道端の草花や野草を食べられるとは思ってもいなかったといいます。でもハーブの勉強を始めたら、野草や草花は日本のハーブだと知るようになりました。もちろん中には毒性が強い野草もあるし、除草剤が撒かれているものもあるので、きちんとした知識を持って、管理された場所のものをいただくことが大切ですが…。さて、今日用意していただいた野草は…別名を“かん（癇）取り草”という、鎮静作用のあるカキドオシ、血行促進や消化促進作用のあるカラスノエンドウ、アレルギー緩和やアンチエイジング作用があるエゴマ、むくみ防止に効くハルジオン、抗菌、抗炎症作用のあるクロモジなど。苦みやアクの強い野草が多いので、春の草花も一緒に天ぷらに。シロツメクサやタンポポ、フジの花など、春らしい華やかで美しいお花たちは、見ているだけでワクワクしてきます。苦みのある野草と、ほんのり甘いお花たち。春そのものを食しているような味わいです。ほかの料理にも春らしい野菜やお花をふんだんに使います。手鞠寿司はエゴマとカキドオシ、イカと山椒、ヨモギとマグロ、シソと桜、ヒメネギ、桜の塩漬け、フジの花とキュウリ。和え物には紫と白がハッとするようなスミレと蕪を。

「野草やハーブは味も香りも強く、いろいろな成分も多くて、とても精の強いものです。何事も過ぎたるは及ばざるがごとしで、食べ過ぎてはかえって身体の負担になります。今回のような野草づくしのお料理はシーズンに一度くらいにして、目と心と身体で存分に感じて味わうのがおすすめです」。

新タマネギと桜えびのスープ

新タマネギ……2ヶ
桜えび……大さじ2杯
乾燥昆布……10cm
水……800cc
塩……ひとつまみ
山椒の葉1枚、山椒の実少々、レッドペッパー少々

---

①新タマネギの皮をむき、半分に切る（バラバラにならないように）
②鍋に水を入れ昆布、桜えび、新タマネギを入れ中火にかける
③沸騰したら弱火にし、新タマネギが透き通ってトロトロになるまで煮込む
④最後に塩で味を整え、皿に盛りつけ山椒の葉と実、レッドペッパーを散らす

野草の手まり寿司

米……2合
赤米…… 大さじ2
エゴマ……2枚
カキドオシの葉……2枚
山椒の葉……2枚
ヨモギの葉……2枚
紫蘇の葉……2枚
桜の塩漬け……4ヶ
キュウリ……3cm
藤の花……2ヶ（すみれや桜でも可）
芽ネギ…… ふたつかみ
イカの刺身……2枚
マグロの刺身……1枚

酢……40ml（お好みで）
てんさい糖…… 大さじ1（砂糖でも可）
塩…… 小さじ1

①白米は赤米と一緒に炊いておく
②あたたかいうちに調味料を入れ、冷ましながら混ぜる
③エゴマは醤油に漬け1時間以上冷蔵庫に入れておく
④キュウリは薄く輪切りのスライスにして10枚用意する
⑤まぐろとイカは薄く切っておく
⑥ラップを用意し、ネタを先に置き、寿司飯を置き、手まりにしていく

カラスノエンドウと
カキドオシのサラダ

カラスノエンドウ ….. ひとつかみ
(手でちぎれるくらい柔らかい上の部分)
カキドオシ …..10 本
レタス …..5 枚くらい
ナッツ ….. 大さじ 2
(ピーナッツ、マカデミアナッツ、カシューナッツなどなんでも。MIX も可)
土佐小夏 …..1 ヶ
(ゆず、レモン、ライムでも可)
塩 ….. 小さじ 1/4
胡椒 ….. 少々
くるみオイル ….. 大さじ 2
(オリーブオイルでも可)

①カラスノエンドウは食べやすい大きさにちぎっておく
②カキドオシも固い茎は取り除き、花と葉と柔らかい茎を食べやすい大きさにする
③レタスも食べやすい大きさにちぎる
④土佐小夏は半分は皮を剥き、櫛形の薄切りに。むいた皮の 1/4 くらいを長さ 2cm くらいに細く刻んでおく。残りの半分は果汁を搾っておく
⑤ナッツはすり鉢で細かくくだく(包丁で細かく刻んでもOK)
⑥クルミオイル、土佐小夏の果汁、塩、胡椒を混ぜてドレッシングを作る
⑦野菜と野草を皿に盛りつけ、土佐小夏の実と皮、砕いたナッツをちらし、⑥をかける

蕪とスミレの和え物

蕪 …..2 ヶ
すみれ …..8 本
塩 ….. 少々

①蕪は茎を落とし、くし形の薄切りにする
②すみれは花はそのまま、茎、葉の部分は 2cm くらいに切る
③ボウルでかぶとすみれを合わせ、塩をふり、味を整える

桜の寒天ゼリー

八重桜の塩漬け ･････ ひとつかみ
粉寒天 ･････5g
（メーカーによって違うので表示に従ってください）
ビートグラニュー糖 ･････ 80g
レモン汁 ･････30cc
水 ･････450cc

①桜の塩漬けは水につけ、塩抜きしておく
②鍋に水と粉寒天を入れ溶かす。溶けたら砂糖とレモン汁を加える
③型を水で濡らし、底に桜の花を入れる
④寒天液を流し入れる
⑤冷蔵庫で冷やし固まったら出来上がり

夏

フレッシュハーブの食卓

夏らしいバジルを使ったジェノベーゼソースのパスタがメインの夏のテーブル。元気に育った若々しいフレッシュハーブをたっぷりと使ったお料理で、夏の暑さも吹っ飛んでしまいそうです。このジェノベーゼソースに使ったバジルは七重さんのお庭で採れたもの。バジルをメインに、ヨモギやクロモジなど、実に６種類のハーブがたっぷり使われ、良質なマカデミアオイルを組み合わせた贅沢な一品。サイドメニューにもビタミンカラーのお野菜を使って、夏バテさんにも元気を出してもらえそうなメニューを用意していただきました。ドリンクには製氷機にフレッシュハーブをいれて凍らせたハーブ入りの氷を使ったアイスハーブティーで、見た目も香りも涼しさを演出して。センダンのグリーンが気持ちよく伸びて、涼しげな木陰を作っているテラスにテーブルを出したら、夏のランチを始めましょう。

七重さん自慢のジェノベーゼソースには、たっぷりのフレッシュハーブに、ナッツやナッツのオイルを使っています。七重さんはオイルは良質なものを選ぶことがとても大切だと考えています。「オレイン酸は、善玉コレステロールを下げずに、悪玉コレステロールだけを下げる効果があり、リノール酸とリノレン酸は体内では作ることができないので、食品から摂取するしかない必須脂肪酸です。良質なオイルに含まれるこれらの成分は、身体にとって大切なもの。オイルを替えたらお肌の調子もぐんと良くなりました」と話してくれました。サイドメニューには、紫のジャガイモ、シャドークイーン、オクラ、カボチャ、ラディッシュなど、美しい色合いの野菜を蒸して、庭で摘んだオレガノ、チャイブをいれたハーブバターを付けていただきます。ハイビスカスのマリネも夏らしい色合いでテーブルに華を添えています。またフレッシュハーブで作る、それぞれまったく違う味わいのディップも登場。真っ黒な竹炭のパンに乗せた夏らしいクールな美しさに、一同感激！

食後には、ハーブの入った氷が涼しげな印象のアイスハーブティー。氷が溶ければハーブの香りもプラスされ、お楽しみが2倍になるドリンクです。ピッチャーに入れたキウイは甘さが出るうえ、デトックス効果もあるそう。　温かいフレッシュハーブティーには、レモングラス、ミント、ホワイトベルガモットを。「夏にレモングラスやレモンバーム、ローズマリー、ミントなどのハーブをとると、身体をクールダウンさせてくれる働きがあるうえ、胃腸の調子を整えてくれるんです。暑い季節は冷たいものを飲んだり食べたりと、胃腸を壊しやすい季節。消化を助ける意味でもフレッシュハーブは意識してとるのがお勧め。食後に身体が冴えてきたなとおもったら、ハーブが効いている証拠です」。香りだけでも、気持ちがいい！スッキリする！という気分にさせてくれるハーブたち。このメニューなら、少しくらい食べすぎても大丈夫。身体も心も喜ぶ夏のランチタイムです。

ハーブと野草のジェノベーゼパスタ

よもぎ
クロモジの葉
紫蘇
バジル
オレガノ
フェンネル
　以上合計で 約50g

マカデミアナッツ 1カップ
マカデミアナッツオイル 60cc
ニンニク 1/2片
塩 小さじ1/3
胡椒 ..... 少々
パスタ 200g

アーモンド 大さじ4
ブラックバジルの葉 6枚
(バジル、オレガノなどでも可)

①にんにく、マカデミアナッツ、オイルをフードプロセッサーでペーストにする
②①にハーブ野草、塩、胡椒を入れ、さらにペーストにする
③アルデンテに茹でたパスタにペーストを和える
④皿に盛り、すり鉢でくだいたアーモンドとバジルの葉を飾る

ハーブのディップ3種

アボカドディップ

アボカド……1ヶ
タマネギ……1/4ヶ
にんにく……1/3片
ライム……1/2ヶ
フェンネルの葉…… 適量
オレガノの葉…… 適量
塩、こしょう…… 適量

①アボカドは種をとり小さめに切っておく。タマネギはみじん切りに
②アボカドとタマネギを混ぜ、すりおろしたニンニクを加える
③細かく刻んだハーブ、塩こしょう、絞ったライムの汁を加えてよく混ぜる

サルサソース

ミニトマト……10ヶ
タマネギ……1/4ヶ
ピーマン……1/2ヶ
唐辛子……1/3～1本
パプリカ……1/2ヶ
セージの葉……3～6枚
ローズマリー……3cm
オリーブオイル…… 大さじ1
塩、胡椒…… 適量

すべて刻んでよく混ぜる
唐辛子の量はお好みで調整してください

豆腐ディップ

豆腐 ·····1 丁
味噌 ····· 小さじ 1
バジル ·····3 枚
チャイブ ·····4 ～ 5 本
塩 ····· 少々
ライム ····· スライス 1 枚
ミント ····· 少々

①豆腐は水切りした後、ペースト状になるまで崩す
②味噌、刻んだハーブ、塩を加えてよく混ぜる
③スライスしたライム、ミントの葉を飾る

白い野菜のハイビスカスマリネ

セロリ ·····1/2 本
ヤングコーン ·····4 本
白ゴーヤ ·····5cm
生マッシュルーム ·····1 ヶ
酢 ····· 大さじ 3
水 ·····200cc
(野菜がしっかり漬かる量)
はちみつ ····· 大さじ 2
塩 ····· 小さじ 1/3
ハイビスカス ·····5 片

①酢、水を小鍋で煮立たせ、はちみつを加えて火をとめる
②セロリは 6cm くらいのスティックに、ヤングコーンは縦半分に、ゴーヤとマッシュルームは 3mm くらいのスライスにしておく
③瓶に野菜とハイビスカス、ローズマリーを入れ、①を入れる
④あら熱がとれたら蓋をして一晩冷蔵庫に入れる

夏野菜とハーブバター

じゃがいも ·····（紫、白）2ヶ
オクラ ·····4本
カボチャ ·····1/8ヶ
ラディッシュ ·····4ヶ

バター ·····20g
ココナツオイル ·····20g
チャイブ ····· 適量
オレガノ ····· 適量

①野菜は食べやすい大きさに切って蒸しておく
②バターとココナツオイルを室温に戻し、刻んだハーブと
　一緒によく混ぜて冷蔵庫で冷やして固める

ミントとブルーベリーの豆乳アイス

豆乳……200ml
メープルシロップ……30cc
なたね油……20cc
ブルーベリー……50g
ミントの葉　刻んで……大さじ2

①タッパーに豆乳と油、メープルシロップを合わせておく
②ブルーベリーと刻んだミントを入れる
③すべて混ぜたものを冷凍庫にいれ冷やす
途中まだすべてが固まらないうちに一度かき混ぜまた凍らせる
（冷蔵庫にもよりますがだいたい4時間くらい）
④一晩凍らせたら出来上がり。
食べる1時間くらい前に冷蔵庫に移して、少しやわらかくしたほうが食べやすい

ハーブ入り氷を使ったおもてなし2種

①水にローズマリー、タイム、ミント、オレガノ（それぞれの花も）を入れて製氷器で一緒に凍らせる
②そのまま水に入れてもいいし、フルーツを入れた水に入れればデトックスウォーターに
※写真は水にレモングラス、キウイが入っています

フレッシュハーブティー

ポット一杯にフレッシュハーブを入れ、熱湯を注ぎ5分くらいおく。ハーブはレモンバーム、レモングラス、ミント、レモンバーベナなどがおすすめ。ブレンドした方がより美味しい
※ポイントはティーポットにたっぷりハーブを入れること、熱湯を注ぐこと。そうするとしっかり味と香りのあるフレッシュハブティーが楽しめる

秋

秋の実りをドライハーブで

七重さんが深まる秋に用意してくれたのは、身体が温まる鍋料理。メインの野草はトウキの葉。「和の野草のトウキは葉っぱも根も身体を温めてくれる効能があり、寒くなるこの時期にぴったりなんです」。身体を温める効果が高い生姜をすりおろして、たっぷり使います。「私は夏から秋の変わり目に、急に寒くなると腰が痛くなるんです。だから食べるもの、飲むもの、身に付けるもので、身体の内側と外側から冷やさない暮らしを心がけています」と冷えについてのお話をしてくれました。冷えの相談を受けることも多く、足が冷たくて眠れないといった話もよく聞きますが、お風呂から出たらすぐにムートンのスリッパを履く、朝起きたらすぐにシルクの靴下を重ね履きする、など小さな改善を続けることが大切といいます。もちろん、身体を温めるこんな鍋料理を作って、家族みんなで温まることもお勧めです。

サラダに入れたレンコンは大分産の特定農家のもの。「レンコンは渋抜きして真っ白なものが一般的。でもこの農家さんのレンコンはあえて渋抜きしないそうです。そのほうが皮にタンニンがたっぷりと含まれています」。サラダの上に散らしたカレンデュラは、まるで秋の夕暮れのように黄金色に輝いています。

秋のハーブティーにブレンドしたマロウブルーとリンデン、エルダーフラワーはすべて身体を温めてくれるハーブです。マロウブルーは、ドライだと紫色のきれいなお花で見た目にも美しく、七重さんのお気に入り。チムグスイではよく使うハーブです。「この３種類のハーブはノドの粘膜を保護する働きがあります。ペクチンというペタペタした成分がノドを内側から保護してくれるの。あとは身体全体の粘膜の保護やお肌の保湿力アップにも効果的。乾燥してくる季節に飲むといいんですよ」。

デザートのリンゴと生姜のパウンドケーキは、リンゴのしぼり汁、生姜のすりおろし、ミルで挽いたセージとネトルなどいろいろな素材が入った素朴なケーキ。卵の代わりになたね油を使ったのは「こだわっているわけではないんですが、ビーガンのスイーツでは牛乳の代わりに豆乳や水、卵やバターの代わりに植物油を使ったりします。甘みはメープルシロップや甘酒、酵素シロップでもいい。これさえ覚えておけば、粉と水、甘みがあれば、わざわざケーキ用の材料を揃えなくてもできるし、身体にも優しいですから」と話してくれました。庭に咲いていたキンモクセイの花でシロップを作り、パウンドケーキに添えると秋らしい彩りに。もっちりした食感のパウンドケーキにハーブティー、秋の夜長のおしゃべりがとまりません。

和の薬草サムゲタン風鍋

生姜 ·····1 片
たんぽぽの根 ····· 大 1
黒米 ····· 大 1
ひえ ····· 大 1
あわ ····· 大 1
手羽先 ·····6 本
白ネギ ·····1/2 本
トウキの葉 ·····15cm
塩 ····· 小 1/2
酒 ····· 大 2
水 ·····500cc

①長ネギは 3 ～ 4cm、生姜は薄切りに切る
②土鍋に生姜～あわを入れ、その上に手羽先、白ネギ、トウキの葉を重ねる
③調味料、水を入れ、弱火で 1 時間程度（水分が少なくなったら適宜水を足しながら）煮込む

カラシ菜と蓮根、カレンデュラのサラダ

カラシ菜 ·····2 束
レンコン ·····100g
厚揚げ ····· 半丁
カレンデュラ ····· ひとつかみ
太白ごま油 ····· 大 1
酢 ····· 大 2
塩こしょう ····· 少々

①蓮根は 2mm 厚にスライスしフライパンに薄く油をひいて焼いておく
②厚揚げはコンロで軽く焼き色が付くまであぶっておく
③カラシ菜は 3 ～ 4cm に切る
④フライパンに油大さじ 1 を入れあたたまったらカレンデュラを入れ、全体に油が回ったらすぐに火を止める
⑤蓮根、厚揚げ、からし菜を和え、カレンデュラを油ごとかける
⑥酢、塩こしょうをふりかける

柿とスダチ、くるみの和え物

柿 ·····1 ヶ
スダチ ·····1 ヶ
くるみ ·····10 ヶ
塩 ····· 少々

①柿は 3mm のいちょう切り、すだちは真ん中の 1/4 を薄いいちょう切りにする
②くるみはすり鉢で食べやすい大きさにつぶしておく
③①と②、残ったすだちの絞り汁、塩を和える

クコごはん

米 ·····2 合
クコの葉 ····· 大さじ 2
塩 ····· 少々
水 ·····400ml

①研いだ米はクコと一緒に浸水しておく
②塩を少々入れ普段通り炊く

ダンディライオンミルクティー

ダンディライオン（たんぽぽの根）····· 大さじ 2
豆乳（または牛乳）·····360cc

①ダンディライオンを小鍋で乾煎りする。香ばしい香りが立って来たら豆乳（または牛乳）を入れ、焦げつかないように混ぜながら煮立たせる
②煮立ってから 3 分くらいおいて、カップに注ぐ
お好みではちみつを入れても◎

カモミールとリンゴ、シナモンのお茶

ジャーマンカモミール ..... 大さじ 1
リンゴ ..... 1/4 ヶ
シナモン ..... 1 本

①リンゴは薄い櫛形に切り、カモミール、シナモンと一緒にティーポットに入れる
②熱湯を注いで 3 分おき、カップに注ぐ
ポットに残ったリンゴは、ついてしまったカモミールを洗えば食べられます

リンデン、マロウブルー、エルダーフラワーのハーブティー

リンデン ..... 大さじ 1
マロウブルー ..... 小さじ 1
エルダーフラワー ..... 小さじ 1

①リンデン、マロウブルー、エルダーフラワーをティーポットに入れる
②熱湯を 360cc 入れ、3 分待ったら出来上がり

リンゴと生姜、セージとネトルのパウンドケーキ　金木犀シロップがけ

薄力粉……100g
ベーキングパウダー……小1
メープルシロップ……40ml
リンゴ……1/2ヶ
なたね油……大2
豆乳……1/2カップ
生姜……1片
ネトル……小1
セージ……小1

金木犀……10g
砂糖……30g
水……100cc

①薄力粉、ベーキングパウダーはふるいにかけ混ぜておく
②リンゴ、生姜はすりおろす
③ネトルとセージは乳鉢（すり鉢やミルでも可）で細かくしておく
④すべての材料をさっくりと混ぜ、型にいれる
⑤180℃のオーブンで20分焼く

金木犀シロップ
①金木犀の花はよく洗ってざるにあげておく
②鍋に水、砂糖、花を入れ弱火でゆっくり沸騰させる
③煮汁が半分くらいになったら火を止める
④清潔なガラス瓶に移しあら熱が冷めたら冷蔵庫で保存する

冬のごちそうハーブ料理

「冬のごちそうハーブ料理」は、クリスマスにもってこいのおもてなし料理。まず目を引くのは美しいローズピンクのビーツのポタージュ。地中海沿岸が原産のビーツは、生でサラダにしたり、煮込み料理などによく使われます。ほっこりした味をターメリックの辛子色で締めてあるのもお洒落です。メインのベジローフはベジタリアンのクリスマスメニューとしてお肉を使わずに作るミートローフの野菜版。カシューナッツ、くるみ、ひよこ豆、タカキビを粗めに砕いて使います。トマトソースでいただくと、まるでひき肉のミートローフ。たくさんのナッツでリッチな味わいです。そしてグリルパンの中にお花畑が出現したかのような「アクアパッツァ」。オレンジカリフラワーとトマトに囲まれた華やかな一皿です。蜜蠟のやさしいクリーム色のキャンドルと深緑のリースでテーブルをコーディネートしたら、冬を祝うのにふさわしいイノセントなテーブルになりました。

カラフルな野菜に惹かれるという七重さん。「いろいろ野菜の前菜」では、コウシン大根、青大根、紫大根と３種類の大根を使用。「この大根もそうですが、浜松の農家さんで珍しい野菜を丁寧に作っていて、ひいきにさせていただいています。色のきれいな野菜をいかに美しいままいただくか。色素成分も逃さず取り込みたいな、なんて考えて野菜を選びます」。バジルソース、ゆずソース＆グリーンナッツ、オイル＆豆乳という３種のソースで、フレッシュな生野菜を楽しみます。メインのベジローフとアクアパッツァを堪能した後は、お待ちかねのデザートタイム、米粉のデコレーションパンケーキです。ライラック色の豆乳クリームをたっぷり塗って、たくさんのベリーを乗せた思わずため息のでる美しさ。もっちりふわふわな食感で、つい食べ過ぎてしまいそう。「豆乳クリームの色は秋のハーブティーで登場したマロウブルーというハーブ。香りは強くないのですが、柔らかいのでミルで挽きやすく、使いやすいの」。ご主人も息子さんも、七重さんが作るスイーツが大好き。「既成のケーキは甘すぎるって言うの。甘さ抑えめの、うちの味に慣れちゃったんですね」。

お祝いのグラスにつがれるのは、ワインのように美しいぶどう色のハーブコーディアル。「コーディアル」とは、ハーブのエキスをシロップにした、身体を活気づける作用のある飲み物のこと。今回はローズヒップ、シナモン、エルダーフラワー、スターアニス、ハイビスカス、ジュニパーベリーを使ったラグジュアリーなコーディアルを用意しました。スッとした清涼な香りのジュニパーベリーにはデトックス作用があり、中国料理ではお料理にも欠かせない、八角と呼ばれるスターアニスが独特な香りを放ちます。もう一つの飲み物はこちらもハーブたっぷり、フルーツのサングリア。ハーブのアロマに心行くまで酔いしれて、どうぞ香り高いクリスマスを。

ビーツのポタージュ

ビーツ缶詰 ·····1 缶
豆乳 ·····500cc　+　20cc
タマネギ ·····1/2 ヶ
菜種油 ····· 大 1
チャービル ·····4 枚
ターメリック ····· 少々
パプリカ ····· 少々
アーモンド ·····5 ヶ

①タマネギは小さく切りフライパンに菜種油をひいて飴色になるまでいためる
②①とビーツ、豆乳をミキサーにかけ滑らかにする
③②を鍋に入れあたためる
④豆乳 20cc をハンドミキサーで泡立てる
⑤スープを皿に盛り、スパイス、砕いたアーモンド、チャービル、泡立てた豆乳を飾る

彩り野菜の前菜

紅芯大根 ·····2cm
紫大根 ·····2cm
青大根 ·····2cm
ブロッコリー ·····4 本
スナップえんどう ·····4 本
ニンジン（白、紫）·····1 本づつ
ラディッシュ ·····2 ヶ
フェンネルの葉
塩こしょう ····· 少々

①大根は薄くスライス、ブロッコリー、えんどうは茹でておく
②ニンジンはたて 1/4 に切り（大きいものだったらスティック状に）皿に並べる
③野菜、ハーブを並べ、塩こしょうをし、ソースを添える

ソース

(バジルソース)
生バジル……5g
オリーブオイル…… 大2
ニンニク……1/4片
塩…… 少々

すりおろしたニンニクと全ての材料をフードプロセッサーにかけてソース状にする

(豆乳とゆずのソース)
ゆず皮……1個分
豆乳…… 大3
菜種油…… 大2
塩…… 少々

すりおろしたゆず皮と全ての材料をフードプロセッサーにかけてソース状にする

ナッツとたかきびのベジローフ

たかきび……1合
カシューナッツ……80g
くるみ……80g
ひよこ豆……200g
片栗粉……大3
ニンジン……1/2本
いんげん……5本
塩胡椒……少々
クローブ……少々
シナモン……少々
ターメリック……少々

①ひよこ豆は一晩水につけ、ゆでておく（缶詰でも可）
②たかきびは洗ってから水1カップを入れた小鍋で炊いておく
③カシューナッツ、クルミ、ひよこ豆はフードプロセッサーにかけて細かくしておく（歯ごたえが残る程度のみじん切りに）
④スティックに切ったニンジン、インゲンを下ゆでする
⑤②と③を混ぜ、片栗粉、塩胡椒、スパイスを加えよく混ぜる
⑥パウンドケーキ型に⑤を1/3入れ、スティックのニンジン、インゲンを並べ、また1/3、⑤を入れニンジン、インゲンを乗せ、最後に⑤をかぶせる
⑦180℃に熱したオーブンで30～40分焼き型からはずす

（トマトソース）
トマト……2ヶ
タマネギ……1/2ヶ
ニンニク……1片
オリーブ油……大1
塩胡椒……少々
バジル……少々
オレガノ……少々

①トマトはサイコロ状、タマネギ、ニンニクはみじん切りにする
②フライパンにオリーブオイルを入れ、タマネギ、ニンニクをいため、最後にトマトを汁ごと入れる
③調味料、ハーブを入れ5分程煮込む
出来上がったベジローフにトマトソースをかける

レモンとハーブのアクアパッツァ

鯛 .....1 尾
オレンジカリフラワー .....1/2 ヶ
カリフラワー .....1/2 ヶ
ミニトマト（黄、オレンジ）.....10 ヶ
オリーブの実 .....10 ヶ
レモン ..... 半分
白ワイン ..... 半カップ
ローズマリー .....1 本
タイム .....5 本
ジュニパーベリー ..... 少々
ピンクペッパー ..... 少々
塩 ..... 少々

①鯛は内臓を出し、塩胡椒しておく
②スキレット（なければフライパン）に軽く油をひき、鯛、一口大に切ったカリフラワー、トマト、オリーブの実、ジュニパーベリーを並べる
③スライスしたレモン、ローズマリー、タイムを乗せ、塩、酒をふりかけ、蓋をして火にかける
④焦げ付かないように火力を調整しながら、魚に火が通ったら軽くつぶしたピンクペッパー、残りのレモンの汁をかけて出来上がり

米粉のパンケーキ

米粉 ·····200g
アーモンドプードル ·····40g
コーンスターチ ·····50g
ベーキングパウダー ····· 小2
豆乳 ·····200g
なたね油 ·····40g
てんさい糖 ·····60g
塩 ····· ひとつまみ

（豆腐クリーム）
豆腐 ·····150g
メープルシロップ ·····30ml
ダークラム ·····10cc
ココナツオイル ····· 大2
マローブルー ·····10ヶ
ラベンダー ····· 小さじ半分

①粉ものはふるいにかけ混ぜ合わせておく
②①に豆乳、菜種油を入れざっくりと混ぜる
③フライパンに厚焼きホットケーキ型をおき生地を流し入れて2cm厚くらいのパンケーキを3枚つくる
④豆腐は水きりし崩しておく
⑤マローブルーはガクを取り除いて花びらだけにして、ラベンダーと一緒にミルでパウダー状にする
⑥豆腐、メープル、ダークラム、溶かしたココナツオイル、ハーブパウダーの2/3をハンドミキサーでホイップにする
⑦パンケーキに豆腐クリームを塗って重ね、最後に全体にクリームを塗る
⑧ブルーベリー、ラズベリーを飾り、残りのハーブパウダーをふりかける
※時間がたつと紫色が抜けてしまうのですぐに食べるのがおすすめです

ハーブコーディアル

ローズヒップ ····· 大さじ4
シナモン ·····2本
エルダーフラワー ····· 大さじ3
スターアニス ·····4ヶ
ハイビスカス ····· 大さじ4
ローズ ····· 大さじ3
ジュニパーベリー ····· 小さじ1
砂糖（てんさい糖など）·····100～200g（お好みで調整）

①ハーブ類を鍋にいれ、500mlの水を入れる
②沸騰してから10分くらい弱火で煮詰める
③砂糖を加え溶けたら出来上がり
④水や炭酸水で2～4倍に薄める

ハーブとフルーツのサングリア

キウイ ·····1ヶ
リンゴ ·····1/2ヶ
ワインまたはシャンパン ····· 適量
ミント、ローズマリー ····· 適量

①キウイとリンゴは一口大に切る
②フルーツをコップに適量入れ、ワインやシャンパンを注ぐ
③ミントやローズマリーなどのフレッシュハーブを飾る

穂谷野奈緒美

Naomi Hoyano

9歳のとき、初めてお父様からいただいたターコイズの指輪を今も大切にしている奈緒美さん。宝石のお仕事を通じて世界各国を旅するようになり、食文化の研究に目覚めました。旅と食を楽しむ暮らし方が多くの女性を惹きつけます。

春

アラブの砂漠のロマンス

乾いた砂漠、月明かりの下のテントをイメージしたテーブルには、エキゾチックな料理の数々、色とりどりな食材が並んで、アラビアンナイトの世界が広がっています。ラム肉はスパイスとの相性が良く、ローズマリーやニンニクと一緒にグリルしたり、ターメリックに漬け込んだりと調理法もさまざま。中東、ヨーロッパ、中国と、大陸では人気の食材です。「今回はアラビアを意識したテーブルですが、実はラム肉の本当に美味しさに目覚めたのは、中国人の友人が調理したラム肉を食べてから」という奈緒美さん。そのとき使われていたスパイス、クミンに改めて魅了されたそう。「特に、最近何度も訪れた大連ではより大胆な調理法、スパイスの使い方を学ぶことができ、ラムのすごさを実感するとともに、食の探検の奥深さを知りました」。ラム肉は高タンパク低カロリーなだけではなくビタミンや鉄分が豊富に含まれていて栄養価の高い食材。灼熱のアラビアンナイトとロマンスを想像しながらいただけば、強く、しなやかな体作りにも効果がありそうです。

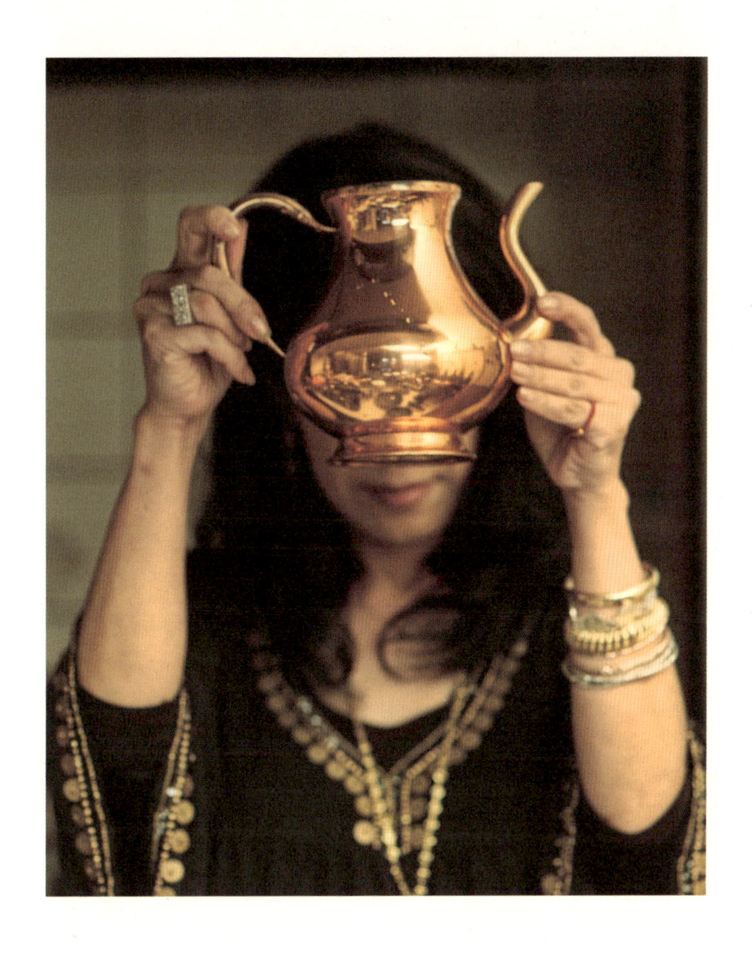

ラム肉はタジン鍋とオーブンを使って調理します。それぞれ使用するスパイスを変えて、異なる味と食感の二品を作ります。タジン鍋のラム肉には自家製レモンコンフィ（塩レモン）を使います。「モロッコではおなじみの調味料で、肉が柔らかになるの。タジンにはレモンコンフィが欠かせません」。奈緒美さんがアラブ料理の本でレモンコンフィを知ったのは、日本で塩レモンが流行るよりずっと前のこと。皮ごと使える無農薬レモンが手に入ったときに、作っておきます。「よく友人たちにも話すのですが、お料理ってスパイスを一振りするだけで世界が変わるんです。マンネリ料理に一振りするのもいいですよ。鶏の唐揚げやハンバーグの種に五香粉で中華風、クミンでアラブ！ガラムマサラでインド！ってね。それだけで自宅のキッチンは小さなお料理革命現場になるんです」。

また、タジン鍋については、「タジン鍋の尖ったフタは、熱を加えて食材から出た水蒸気が、とんがり帽子のような尖った部分で冷やされて水滴になって食材に落ちるという仕組み。水が貴重な砂漠では食材の水分だけで調理できる優れものなの。食材のうまみを含んだ水蒸気で調理されるので、おいしさも凝縮されて倍増する、まさに風土が生み出した調理法なんです」と教えていただきました。

オレンジのスライスサラダは、アラブ首長国連邦で食べた思い出の味。ミントティーはパリにあるモロッコ料理店で飲んで気に入り、お店の人にレシピを教わりました。デザートはこってりした肉料理の後にいただくローズウォーターのゼリー。口中はもちろん、全身からバラの芳醇な香りが漂う、世にも美しいデザートです。アラビアンミュージックを聞きながら、アラブにトリップしたようなテーブルでおしゃべりも尽きません。

子羊のエキゾチックグリル

A：
ラムもも肉 ·····600 ～ 700 g
ジャガイモ ····· 小 2 個
タマネギ ·····1 個
ニンジン ·····1/2 個
B　漬け込みタレ
ニンニク ·····3 片
コリアンダー　粗みじん切り ····· 大 3
クミンパウダー ····· 小さじ 1
パプリカパウダー ····· 小さじ 1
塩 ····· 適量
サフラン ····· 小さじ 1/2
ハチミツ ····· 大さじ 1
トマトペースト ····· 大さじ 2
オリーブオイル ····· 大さじ 4

C：
プチトマト ·····10 個ぐらい
ひよこ豆 ·····200 g
レーズン ·····200 g
シナモンスティック ·····2 本
白ワイン ·····15cc
コショウ ····· 少々
あれば、ザクロ ····· 少々

①Aの野菜をざく切りにし、ラムもも肉と一緒にBのタレに一晩漬け込む
②フライパンにAを入れ、ラム肉に軽く火を通す
③白ワインを入れ、Cの残りの材料ををすべて入れる
④フライパンごとオーブンへ移し、肉に火が通ったら皿に盛る
⑤ザクロを散らすように飾る

ラムのタジン鍋

羊のスネ肉……800～900g
ひよこ豆……100g
クミン……小さじ1
塩レモン……1個
レーズン……大さじ1
デーツ……10～20粒

①ラム肉はひたひたのお湯で下ゆでする。時々鍋の中でラムを動かすとよい
②材料をすべてタジン鍋に入れ、弱火で20～30分、火を通す

シナモン　オレンジ

オレンジ……3個
シナモン……2つまみ
ハチミツ……適量

①オレンジの皮をむき、1cmにスライスして皿に並べる
②スライスオレンジの表面すべてに行き渡るようにハチミツをかけ、冷蔵庫で冷やす
③食べる時にシナモンをふりかける
※ローズウォーターまたはオレンジフラワーウォーターをかけて食べてもよい

アラブの薔薇ゼリー

ローズウォーター
（市販のものでOK）.....300cc
砂糖.....大さじ1/2
ゼラチン.....5g

①80℃に温めたローズウォーターに砂糖を溶かし、ゼラチンで冷やして固める
②食べる時にローズ・ウォーターをかける

モロッコミントティー

緑茶の葉.....ティースプーン2～3杯
フレッシュミント.....2つかみ
砂糖（500ccのポットで作る場合）
.....大さじ3

①ポットに茶葉、フレッシュミント、砂糖を入れる
②熱湯を注いで5分蒸らす
※かなり甘いので砂糖の量は適宜調整してください

夏

ヌーディー・キュイジーヌ

世界各国を旅してきたなおみさん。アジア諸国へも何度も足を運んでいますが、'90年代にはベトナムがマイブームだったそう。妖艶なカトリーヌ・ドヌーブが素晴らしかった『インドシナ』、空気や湿度まで伝わりそうな『ラ・マン』など、たくさんのベトナム映画を観てその空気感を想像し、フランスの植民地であったがゆえの文化や食への興味が尽きなかったといいます。「フランスの残り香のある町並みや料理、ミックスカルチャーにたまらなく魅力を感じました」と話してくれました。初めてベトナムの生春巻きを食べたときは、ライスペーパーの薄さと、ニョックマム（ナンプラー）の美味しさに衝撃を受け、当時、手に入りにくかった日本に何本も持ち帰ったそうです。暑い季節を涼しげに過ごしたいから、透け感を大切にした夏の料理の数々。ブーゲンビリアが咲く庭で、絡みつくような湿度たっぷりの空気の中にテーブルをしつらえ、極彩色が透けるヌーディーな料理を並べました。

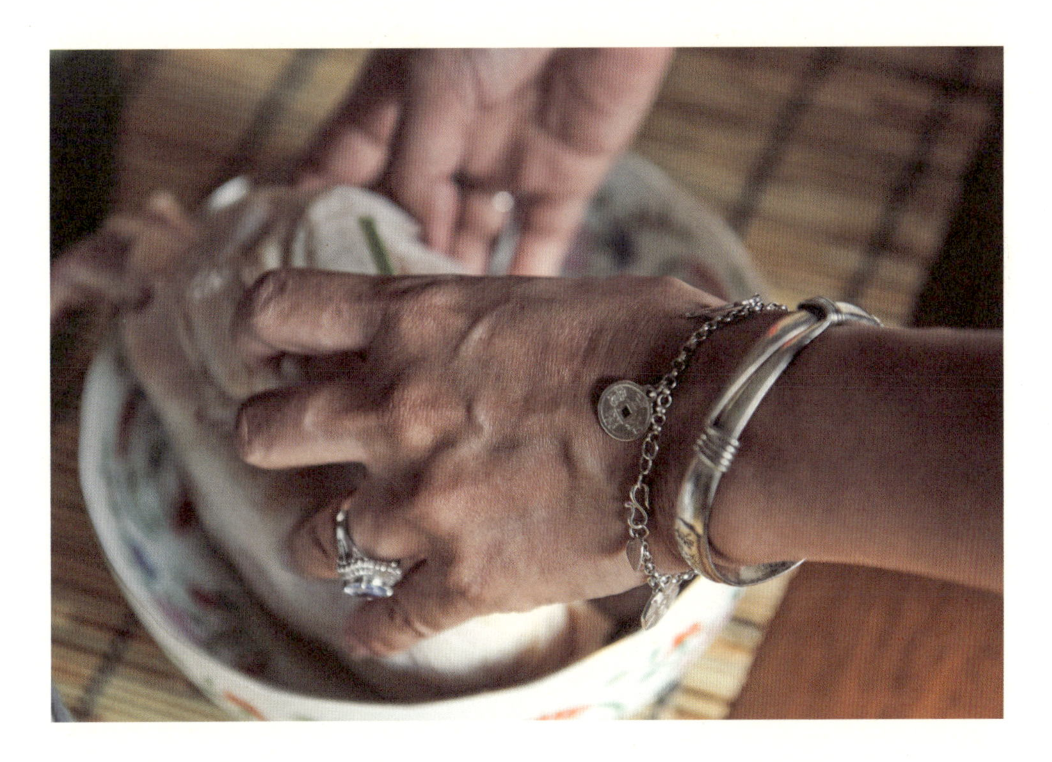

“汗かき鶏”ことヌーディーチキンはヌーディーに仕上げるために、色がつく調味料は使わず、ニョックマムと少量の砂糖で下味を付けます。なるべく手を加えずに、ごくシンプルに調理しました。チキンはスライスしてゲストに取り分け、ライム&ソルトやごま油&ソルト、オイスターソースなど、好みのソースをつけていただきます。

生春巻きに使うライスペーパーは、思っている以上にいろいろなシーンで使える食材だとなおみさんは言います。親しい仲間を招いてのパーティーでは、いろいろな具材を用意して、それぞれ好きなものを巻いて盛り上がります。深夜に小腹がすいたときはサッと水で戻して、冷蔵庫にある野菜を巻いてパクリ。秋から冬なら、熱々の揚げ春巻きがお勧めです。生春巻きと同じようにライスペーパーに具材を包んで揚げるだけ。バナナを包んで揚げればデザートにもなるとても便利なものなのです。今回用意した具材は、アボカド、エディブルフラワー、パパイヤ、サーモン、パクチーなど、半透明のライスペーパーから巻いた具材が美しく透けて見えるよう色のきれいなものばかり。生春巻きにつけるソースもスイートチリソースはもちろん、ニョックマムと砂糖、酢、唐辛子、水を煮詰めて作るニュクチャムや、ピーナツバターで作るピーナツソース、パパイヤを巻くならサルサソース、とバリエーションを揃えて楽しんで。

サイドメニューの卵の蒸し料理は、卵、水、ニョックマムと、使う素材はいたってシンプルだけれど、軽い口当たりがおいしい一品。ココナッツシロップを添えたコンポートイチジクとティーゼリーは、けだるい夏の午後にぴったりの大人のスイーツです。なおみさんが着ているのは、15年ほど前にホーチミンで誂えたアオザイ。「美しい器や生地との出合いはとっても楽しい。旅は発見の連続ね」と涼やかな笑顔です。暑さにくじけそうな時はベトナムの空気をまとって、思い切って楽しんでしまうのも一興です。

ヌーディーチキン（汗かき鶏）

丸鶏……（なければ鶏もも肉1kg）
ニョックマム……大さじ1〜2

①丸鶏をよく洗い、水気を拭き取る
②ニョックマムを肉にすり込んで、冷蔵庫で3時間〜一晩置く
③蒸し器（またはタジン鍋）に鶏を入れパクチーの根と生姜を置いて蒸し上げる（丸鶏なら40〜60分）
④蒸しあがった鶏を食べやすい大きさに切り、盛り付ける。塩&ライム、スイートチリソース、ごま油&塩、オイスターソース&ごま油いろいろなつけダレでいただく

生春巻き

青パパイヤ&サーモン……以下、各適量
ニンジンのナムル&ベジタブル（紫キャベツ、キュウリ）
マンゴー&エビ
アボカド&サーモン
パクチー、エディブルフラワー

①各具材をお好みの大きさにカットして皿に並べる
②食べる直前にライスペーパーを水で戻す
③ニンジンのナムル&ベジタブルとマンゴー&エビには、エディブルフラワーを一緒に巻く。パクチーはどの具材にもお好みでたっぷりと巻いていただく

<ニュクチャム>
ニョックマム……大5
すりおろしにんにく……大3
酢……大4
砂糖……大2
きざみ唐辛子……1〜2本
水……大5

すべて混ぜ合わせ、電子レンジで2分ほど加熱する
※他に、ピーナッツバターを水でのばし、ごま油、砂糖、おろしにんにく少々、きざみ唐辛子を混ぜたピーナッツソースや、ごま油とお塩のシンプルなソース、市販のスイートチリソースなども用意してお好みで

中華蒸し卵（海涛的鶏卵蒸）

卵 ·····4 個
水 ····· 使用する卵の 2 倍量
塩 ····· ひとつまみ、
またはニョックマム ····· 小さじ 1

①器に卵を割り入れ、水と塩（またはニョックマム）を加えて良く溶きほぐす
②大きめの鍋に水を張り、卵が入った器を置く
③鍋にフタをして中火で 8 分　弱火で 15 ～ 20 分
④お好みの薬味（ネギなど）を散らし、卵の表面にスプーンで模様をつける
⑤食べるときは醤油をかけていただく

中国茶ゼリー無花果 コンポート乗せ

イチジク　4 個
A　赤ワイン ·····100cc
　グラニュー糖 ·····50g
　レモン汁 ····· 小さじ 1

B　シナモンスティック ·····2 本
　八角 ·····2 個
　クローブ ····· 各お好みで

＜ジャスミンティーゼリー＞
ジャスミンティー ·····300cc（茶葉 10 ～ 15g）
ゼラチン ·····5g
ジャスミン茶の代わりに烏龍茶や紅茶でもおいしい

①鍋に A と B を入れ、きれいに洗って水気を切ったイチジクを煮る
② 2 ～ 8 分くらいで OK　冷やす
③ 5g のゼラチンで 300cc のお好みのお茶をフルフルに固めたらスプーンですくって器に盛り、よく冷えたイチジクを半分にカットして盛り付ける
④彩りを美しくするため、色付きタピオカをのせる。
食べるときはお好みのシロップかけていただく

愛人

秋

メキシカン！

秋のテーブルは、メキシコの「死者の祭り」をイメージしました。町中に飾られるマリーゴールドと骸骨…と聞くと恐ろしげですが、カトリック教会の祝日の一つで、親しい故人を偲んで友人や親族で集うもの。大好きなフリーダ・カーロを彷彿させるドレスを着た奈緒美さん、鮮やかなメキシコのファブリックや小物を使ってこの祝祭を祝います。この食卓の鍵になる食材として奈緒美さんが選ぶのは大好きなアボカド。「2日に1個アボカドを食べるのは、ここ十数年の習慣のひとつ。美しくありたい女性にはおすすめです」と言い、チリビーンズやワカモレ・ディップ、デザートのフランにもふんだんに使います。中華にパスタ、和風のお丼、デザートにも幅広い応用がきくアボカドは、ビタミン、ミネラルも豊富でまさに女性の味方。柔らかな秋の日差しの中、アボカドグリーンとブラウンのお料理に鮮やかなメキシカンカラーが温かみを添えて、心もほっと和みます。

鉄板ステーキは、メキシコらしく、大きくて薄いステーキ用のオージービーフを使用。塩、コショウ、ライムのスライスを乗せてひと晩寝かし、下味を付けた肉を、まずはフライパンで焼きます。仕上げは、使い込まれた鉄板に移し替えてオーブンへ。この鉄板は、なんと奈緒美さんが小学生の頃から使っていたもの。「私の実家では1人に1枚鉄板があって、独立したときに持たされたんですよ」と話してくれました。スパイスにはクミンを使い、日本でなかなか手に入らないハラペーニョの代わりに万願寺とうがらしを。

トルティージャはタコスの皮としても使われる、メキシコの伝統的な薄焼きパン。「トルティージャは我が家の主食の定番で、しょっちゅう焼いています。パーティーでも各々で焼いて食べることが多いですね。ワカモレディップやチリコンカン、チーズ、サラダ、ステーキなどを包んで食べます。本場のトルティージャは小麦粉にトウモロコシの粉を加えてあります。ワイルド感が一層増して、食感と香りが良くなります」。

アボカドフランは中南米ではポピュラーなデザートで、カスタードプリンのようなもの。アボカドをピューレにして作ります。濃厚な味のフランにコンデンスミルクをかけて、どこか懐かしいやさしい味に仕上げます。

情熱の国メキシコらしい祝祭のお料理にぴったりの、フリーダ・カーロのような奈緒美さん。「情熱の画家、フリーダに惹きつけられます。たくさんの花々やカラフルな衣装、ゴージャスなジュエリーに囲まれたフリーダの姿は情熱的で強い女性のイメージですが、その裏にある寂しさと対比して心打たれるのです」。壁にかかっていたフリーダの絵が、奈緒美さんに見えてきました。

メキシカンビーフ

オージービーフ……500～600g
ライム……2個
ムラサキタマネギ……1個
万願寺とうがらし……3～4本
クミン……小さじ1
ニンニク……2片
チリパウダー……少々

①肉に塩コショウをふり、ライムのスライスをのせ、一晩ねかす
②フライパンにオイルを入れ熱し、肉を入れ、クミンをふって焼く
③肉に焼き色がついたら野菜と一緒に鉄板に移し、200℃のオーブンで5分焼く

チリビーンズ

玉ねぎ……1個
万願寺とうがらし……2本（辛すぎる場合は除く）
レッドキドニービーンズ水煮……1缶
トマト水煮……1缶
ニンニク……2片
ブイヨン　キューブ……1個
塩コショウ……ひとつまみ

A　以下、合わせて……小さじ1
チリパウダー
オレガノ
クミン
コリアンダー
カイエンペッパー

①鍋に小さじ1の油を熱し、みじん切りの玉ねぎとニンニクを入れ炒める
②Aを加えて香りを出したら、レッドキドニービーンズを入れる
③トマトの水煮とブイヨンを入れ、水気がなくなるまで煮詰める

※アレンジとして、出来上がったチリビーンズを耐熱皿に移し、薄切りのアボカドとチーズを乗せて、200℃のオーブンで7〜8分焼く

トルティージャ
ワカモレディップ添え

＜トルティージャ＞
薄力粉 ·····60g
コーンミール ·····40g
塩 ····· ひとつまみ
水 ·····50ml
クミンやブラックペッパーなど ····· 適量

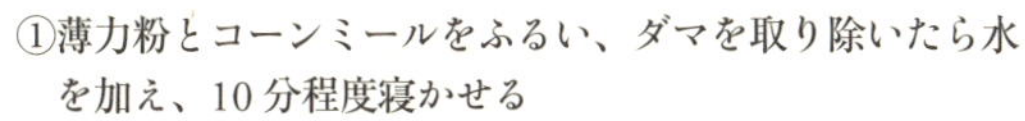

①薄力粉とコーンミールをふるい、ダマを取り除いたら水を加え、10分程度寝かせる
②フライパンを熱し、お好みのスパイスを加えたタネをフライパンに注ぎ、薄く丸く伸ばし、こんがりと両面を焼く

＜ワカモレディップ＞
アボカド ·····4個
ライム ·····1個
刻みパクチー ····· 小さじ2
刻み玉ねぎ ····· 小さじ2
プチトマト ·····8個

①完熟アボカドの種と皮を外し、クロック（石臼）またはボウルに入れる
②ライム1個を絞り、塩コショウ、クミンを入れ、アボカドをよくすりつぶしながら混ぜ合わせる
③刻みパクチー、塩、プチトマト、カイエンペッパー少々を合わせ味を整える

アボカドフラン

アボカド……2個
牛乳……150cc
全卵……3個
グラニュー糖…… 大さじ4.5
A
生クリーム……100cc
牛乳……50cc
バニラビーンズ…… 小さじ1.5

①アボカドは種を除き、果肉をすくう
②アボカドと牛乳をミキサーにかけ、ピューレ状にしたらボウルに移し、全卵、グラニュー糖を入れ、よく混ぜる
③Aを鍋に入れ、中火にかけ、混ぜる
④ひと煮立ちさせたらピューレ状のアボカドを加えて、グラニュー糖が溶けたら火を止める
⑤茶こしでこしながらココット皿に移す
⑥バットにお湯を張り、ココット皿を並べ150℃のオーブンで15分焼く
⑦仕上げに生クリームまたはカラメルソースを添える

冬

年の瀬の寒い夜に楽しむ火鍋

AIR FRANCE

鍋の食材があふれんばかりに並ぶテーブルの中央には、羊を食べる薬膳鍋にさまざまなスパイスが溶け合って…。奈緒美さんの定番おもてなし料理でもある火鍋は、時には友人宅へ出張鍋もするほどに喜ばれている料理です。「おしゃべりしながら何時間でも食べ続けて、それでも胃もたれしないのはスープに含まれる薬膳に整腸作用があるのだと思います」。孔雀藍のような青を基調にした鍋は、昨年大連から持ち帰ったもの。「10数年前に北京で本格的な火鍋を食べてからとりこになったんですが、そのときの鍋に一目惚れ。七宝焼きでひとつひとつ手作りなんです」。火鍋用の鍋といえば、ステンレスで二つに分かれたものなどがポピュラーですが、七宝焼きの鍋は、現地に行かないとなかなか買えないそう。「今や世界中のものがネットで買えますが、この鍋のように旅先から背負ってくるのは格別な嬉しさがありますね」。

鍋の具材はラム肉、蜂の巣、キクラゲ、パクチー、湯葉など、日本の鍋の食材とはちょっと違います。葉野菜も小さく切らずに、長いまま豪快に使うのが本場のスタイル。そして、テーブルの上でひときわ目を引くピンクビーフン。奈緒美さんのレシピに加わったのは15年ほど前とのこと。「ピンクのシソ入り生姜をビーフンに混ぜるだけ。あまりにも簡単で美味しくて美しいこの一品は、料理に華を添えてくれるし、話題づくりには最適なのでおもてなしに欠かせません」。

火鍋の前にいただく前菜として「ミミガー冷菜」と「ピータン豆腐」を用意。どちらもシンプルな一皿ですが、個性の強い味わいでお酒のおつまみにぴったり。デザートには鮮やかな色をつけた白玉。「白玉は粉文化でもある中国圏でよく食べます。あちらではデザートの胡麻汁粉やかき氷に入っていたり、スープに浮いていたり。今回作った白玉は湯圓（タンユェン）といって中国圏で冬至や春節に無病息災を祈り食べるもの。本来は白色ですが、色鮮やかなのも楽しいですよね」。この白玉はプラナカン料理（＝ニョニャ料理）のひとつ。プラナカンとは、シンガポールやマレーシアのペナン、マラッカなどに残る文化で、交易で東南アジアへ渡って来た中華系の男性と現地の女性が結婚して生まれた文化のこと。プラナカン料理はニョニャ料理とも呼ばれ、食文化でもマレー料理やインドネシア料理、中華料理のミックスカルチャーから生み出された料理を指しています。奈緒美さんも、最近になって訪れたペナン島でプラナカンの料理と文化を探求してきました。プラナカンのバティックや美しい磁器で、暗い冬の夜にしっとりとした華やかさを演出します。ゆっくりと火鍋を楽しんだあとは、雪降る街へ繰り出して、もう少しチャイニーズワインを飲みましょうか。

火鍋

ラム肉（しゃぶしゃぶ用子羊の薄切りロール）
木綿豆腐 ·····2 丁
つみれ　　以下、各適量
蜂の巣
キクラゲ
チンゲンサイ
パクチー
きのこ類

＜火鍋のスープ＞
A：油　80cc、砂糖　大さじ 3、豆板醤　大さじ 3、醤油　大さじ 3　鶏ガラスープ　800cc

ニンニク ·····2 片
赤唐辛子 ·····7 ～ 8 本
ショウカイ ·····2 片
花山椒 ····· 大さじ 2
八角 ·····3 ～ 4 個
クコの実・ナツメ・クミン・龍眼　適量

Aの材料をすべて混ぜ合わせ、火鍋スープの素を作る。みじん切りにしたニンニク、ショウカイと、八角やクコの実、花山椒などを混ぜる。お好みの具材をどんどん放り投げる感じで入れて、ダイナミックにいただく

＜つけダレ＞
ごまペースト、にらペースト、発酵した豆腐のペーストを同量で合わせ、その半分の量の水とごま油少量を加えてよく混ぜる

ピンクビーフン

ビーフン　200g
紅生姜　　50g
中華だし　小さじ2

①たっぷりのお湯でビーフンを戻す
②鍋にビーフン、中華だし、紅生姜を入れる
③汁気がなくなったら完成

ミミガー冷菜

ミミガー …… 片耳
きゅうり ……2本
ニンニク ……2片

砂糖 …… 大さじ1
醤油 …… 大さじ2
塩 …… 少々

①ごま油　大さじ5　をフライパンで煙が出る程に熱する
②耐熱皿に入れた刻みニンニク（お好みで唐辛子）に注ぐ
③砂糖、ミミガーと、キュウリ、熱した油をボウルの中で和える
④塩、醤油を加えて味を調える

ピータン豆腐

木綿豆腐……1丁
刻みザーサイ……適量
パクチー、刻みネギ……適量
ラー油

①豆腐は水気をよく切る
②ザーサイ、パクチー、ネギ、ラー油を混ぜておく
③器に盛った豆腐に彩りよく盛り付ける

ニョニャの白玉

白玉粉 ·····200g
水 ·····100cc
お砂糖 ····· 小さじ 1
シロップ ····· 適量
お好みで着色（着色剤は天然色素を使っています）

①白玉粉と砂糖を水と合わせる
②耳たぶより軟らかく（日本の白玉より軟らかに）なったら、真ん丸に丸める（日本の白玉の様に真ん中を凹ませない）
③鍋にたっぷりの熱湯で茹でる
④浮き上がって来たら素早く冷水に取る
⑤器に移してお好みのシロップをひたひたに注ぐ

※お好みのシロップ：ココナッツシロップ、ミントシロップ、黒蜜、桂花陳酒（キンモクセイのお酒）などお好みで

羅漢

Rakan

加藤敦子

懐かしいような普通の日本の風景。この中にある無限の美しさを師として、日々、土地の恵みを丁寧に受け取る暮らしをしている敦子さん。母の味を受け継いだという滋養に満ちた料理と衒いも驕りもない慈しみのある佇まいは、何度でも訪れたくなる空間です。

春

早春花見立て

早春とは名ばかり、まだ冷え冷えとした中伊豆町の里山のなかに溶け込むように、羅漢はあります。薪を積んだ庭先には味噌樽を茶室のように仕立てた小屋があり、裏庭に畑と大きな豚ちゃんがいて、その向こうに小川が流れる鄙びた佇まい。低い雲間から時折薄日が差し込んではいるものの、冷たい空気は触れればキンキンと音をさせそうなほど。玄関の引き戸を開けると薪ストーブがパチパチと燃え上がり、柔らかなオレンジの焔が冷えた頬を一気に温めてくれます。年が明けると冷え込みがきつくなる日も多い伊豆ですが、「それでも庭先を歩いていると、お花の香りにハッとして。ああもう､春もそこまでっておもうんです」と敦子さんはいいます。香りで春を知る…水仙、蝋梅、梅、福寿草に沈丁花…冷たい空気のなかに爽やかな香りが漂って、春の気配を報せてくれます。

まだ木の芽も固く結ばれて、鈍色の雲が垂れ込める寒々しい季節は、お花に見立てた旬の食材で、春を先取りします。前菜は、華やかな塗りの板に乗せた花見立て。水仙、菜の花、梅、ワサビ、河津桜などに見立てた小さなお惣菜を、板をキャンバスにして絵を描くようにおいていきます。見ているうちに、下のほうから順番に季節を追って、上にいくほど暖かくなってくる春のイメージが。敦子さんは盛り付けは直感的に、好きなように置いていけば良いといいます。「そもそもね、盛り付ける感性って日本人は誰でも持っていると思うんです。みなさんだって飯碗にごはんを盛るでしょう？白いごはんをふんわりと盛る、それと同じように、自然にやればいいの。決まりはないんですから」とにっこり。初めはうまくいかなくても、身近なお盆などにこうした前菜を置いてみて、うまくできたら写真にとって記録してみる。そんなことを楽しんで重ねていけば、だんだん自由に動けるようになるものと敦子さんはいうのです。水仙に見立てたのは大和芋のテリーヌ、菜の花の生海苔巻きに、梅の花はサーモンのお寿司、紅白なます。ワサビは、アボカドをワサビの葉で包んだものと、茎の三杯酢にして、桜の花はゼリー寄せとホタテの梅餅包み揚げ、菜の花と卵。なんとも贅沢な春のお花たちが並びます。

温かな碗ものは、春の香りたっぷりの蓬のシンジョ。メインはこの時期にしか採れない伊東のワカメとキンメダイ、野生のクレソンをシャブシャブにします。春浅い日の旬のものは、ほんのり苦くて、野生の力がしっかりと感じられる滋養のある味わいです。敦子さんのお料理はすべてご自身の創作料理ですが、その礎となるものは、すべてお母様から受け継いだ味だといいます。「羅漢にとって欠かせない中伊豆の自然と、母が私の師なんですよ」と敦子さん。素材同志を合わせ、季節に合わせ、旬をいただき、恵みを愛でる。敦子さんの春のお料理は、花の便り。もう少ししたらほころびますよ、という優しい報せです。

9
4
1
6
5
3
7
2
8

<出汁>
一番だし ….. 水2l、昆布30g、かつを60g
二番だし ….. 水2l、(一番だしでひいた昆布、かつを)、かつを10g

1. 春野菜の卯の花ぼんぼり和え

＜ワサビ茎の三杯漬け＞
ワサビ茎 ….. 500g
塩 ….. 30g
三杯酢割合（酢1、薄口醤油1、 砂糖1）

①ワサビの茎を4cmぐらいの長さに切り、よく洗ってザルに入れておく
②塩を全体にかけてまぶす
③80度ぐらいの沸かした湯をさっとかけよく絞る。密閉容器の中に三杯酢と茎を入れて蓋をしっかり締めて冷蔵庫で保管する。2～3日後から頂ける
※季節、ワサビの種類によって熱湯にしたり絞り方が変わります。今回は春先の茎を使用しています

ウド ….. 8cm長
京人参 ….. 8cm長
三ッ葉 ….. 10本
昆布 ….. 1枚（5×5cm）
オカラ ….. 70g（作りやすい量）
甘酢（割合 酢1：砂糖1：だし1：淡口醤油0.3）
….. 大1 1/2
ワサビの茎の三杯酢漬け

①ウド、京人参は皮を剥いて4cm長に切ってから拍子切りにする
②ワサビの茎の水分を切っておく
③①の野菜は立塩（海水程度の塩分）に漬け、昆布も加える
④オカラは目の細いザルに入れて水で洗う。布巾などに包んで水気を絞り、鍋に入れ湯せんにかけて5本箸でぱらぱらになるように煎り上げる
⑤煎り上げたオカラに甘酢で味をつける
⑥ウド、京人参、ワサビの茎をザルに上げ、軽く水気を切って、⑤のオカラに和える
⑦⑥の野菜を10等分にして、長さをそろえゆでた三ッ葉で結ぶ

2. 菜の花の生海苔巻き

菜の花 ….. 1束
生海苔 ….. 2パック
(生海苔が手に入らない時は焼き海苔を代用)
漬け汁 …..（割合 だし9：淡口醤油1）

①生海苔の水気をよく絞る。生海苔を板海苔の1.5倍の大きさに広げ、脱水シートで挟む
②一日に2～3回、脱水シートを替えて、水分を抜いた海苔を作る
③菜の花は根元の固いところを切り、塩少々を加えた熱湯でサッとゆでる。水にとり冷やす。水気を切った菜の花を漬け汁に30分漬ける
④生海苔を脱水シートからはずし、二等分に切る
⑤菜の花も二等分にして棒状に形を整えるようにしっかり絞る
⑥生海苔の手前に菜の花を置き、手前からクルクルと巻く
⑦1本を5等分に切る

3. 紅白なます

大根 ….. 12cm
京人参 ….. 6cm
甘酢（割合 酢1：水1：砂糖1：塩0.3）

（甘酢）を作っておく
①大根、京人参はそれぞれ皮を剥き、6cm幅の厚めの桂むきにする。塩をまぶして15分程置き、しんなりしたら水気をおさえる
②大根、京人参の残りを3cm幅の千切りにし、①と同様に塩をまぶしてしんなりしたら水気をおさえる
③ボウルに①、②を入れ甘酢をひたひたに浸かる程度に入れる。そのまま半日置いて味をなじませる
④桂むきにした大根を15cm長さに切り、手前4cmのところに梅の抜き型で横2ヶ所に型を抜く。桂むきにした京人参は5cm長さに切る
⑤大根を型を抜いた方を奥にして、その上に京人参を重ねる
⑥千切りにした大根、京人参を一緒に絞って俵型にして手前に置く
⑦手前から巻いて、3cm幅に切る

4. 帆立の梅餅包み揚げ

帆立（貝柱） ….. 大1
白玉粉 ….. 50g
梅肉 ….. 小2
塩 ….. 少々
みじん粉（あられ） ….. 適量

①帆立の貝柱を10等分に切り、鍋に入れて酒少々（分量外）をふって軽く煎る
②白玉粉に梅肉、塩少々、水を加え耳たぶぐらいの固さに

練る
③帆立の水気を布巾でよく取り、②の梅餅で包む。みじん粉を全体につけて160℃の油で揚げる

5. 梅型寿司

スモークサーモン（薄目）·····10 枚（5cm × 5cm）
寿司米·····100g
寿司酢（割合　米酢 6：砂糖 4：塩 1）
すり山葵····· 適量

①ラップの上にサーモンを置き 10 等分した寿司米をのせ、ラップの口をきゅっと絞る
②中央を指で押しくぼめながら箸を使い、5 弁に分けるように筋を入れる（梅の木型があれば型抜きしてもよい）
③中心にすりワサビを飾る

6. ワサビの葉包み

ワサビの葉·····10 枚（春先）
アボカド·····1 個
レモン汁····· 少々
すりワサビ····· 適宜
漬け汁　（割合　出汁 9、薄口醤油 1）

①湯を沸かし、ワサビの葉をさっと茹でて、冷水にとる
② 30 分ほど漬け汁に漬ける
③アボカドは半分に割り、種、皮を取る
④ボールに③のアボカドを入れて、あらく潰し、色止めにレモン汁を少量かけておく
⑤キッチンペーパーでワサビの葉の水分をふき、広げた葉に④のアボカドをスプーン 1 杯入れて、 丸く包む
⑥包んだ葉を逆さにして真ん中をくぼませ、その上にすりワサビをのせる

7. 大和芋の水仙見立て

大和芋····· 剥いた大和芋　200g
白味噌····· 大 2
一番だし·····50cc
※粘りがつよい大和芋は、出汁で薄める
柚子の皮····· 少々

①大和芋の皮を剥いて擂る
②①の大和芋、白味噌、一番出汁をよく混ぜ合わせて流し缶に流し入れる
③蒸気の上がった蒸器に、②の流し缶を入れ弱火で 20 分蒸す
④③を冷ましてから、水仙の形の抜き型で抜く
⑤擂った柚子の皮を④に天盛りする

8. 菜の花と卵

（3.5 × 15cm の押し型を使う）
菜の花·····1 束と半分
卵·····4 ヶ
卵黄·····2 ヶ
砂糖····· 大 2
味醂····· 大 2
塩····· 小 1/2
漬け汁·····（だし 9：淡口醤油 1）

①菜の花は、根元の固いところを切り、塩少々を加えた熱湯でサッとゆでる。水にとり冷やす。水気を切った菜の花を漬け汁に 30 分漬ける
※菜の花の生海苔巻きの菜の花と一緒に作る
②卵を割り、白身を切るように溶く。砂糖、味醂、塩を加えよく混ぜ合わせる
③鍋に溶いた卵を入れ火にかける。5 本箸でかき混ぜていき、やわらかめの炒り卵を作る
④②の菜の花の水気を切って、粗みじんにする。4 等分にする
⑤ラップを敷いた型に 1/4 の菜の花を敷き詰める
⑥⑤の菜の花の上に、炒り卵の半分を押しながら詰め、1/4 の菜の花を敷き詰める
⑦ラップで包み、底になる方を竹串で何ヵ所か刺す（水分をぬくため）
⑧型の蓋をして、輪ゴム（数本）で止める。半日、落ち着かせる
※同じ物をもう一つ作る
⑨ 5 等分に切り分ける。

9. 桜花の水晶寄せ

桜の花の塩漬け·····15g
甘酢（りんご酢 30cc：水 90cc：砂糖 20g）
パールアガー·····10g

①桜の花は水に漬け、塩出しして花びらだけにする
②甘酢とパールアガーを鍋に入れて火にかけ、80℃くらいまで加熱して煮溶かす
③筒状の抜き型の底をラップでカバーして輪ゴムで止めておく
④②が少し冷めてトロッとしてきたら、花びらを混ぜ、型にそそぐ
⑤固まったら型から抜く

ヨモギの下処理

ヨモギ(新芽)
水·····1リットル
重曹·····2g

新芽を摘み、水でよく洗う。(ゴミや土を落とす。)湯を沸かし重曹を加える。ヨモギを入れて2～3分茹でる。
ザルに上げて冷水にとる。水を2～3回変えながら半日程浸けておく。ヨモギの水気をしっかり切り、細かく刻んでおく。

蓬のしんじょ

材料(六人分) 流し缶 12.5cm × 14cm
はもすり身·····400g
昆布出し·····100cc
大和芋·····40g
出し溶き浮き粉(出汁 大1:浮き粉·····大1(片栗粉代用可)
吸地(一番だし 300cc 塩 小1弱 薄口醤油 微量)

菜の花(穂先) 12本 ウド 12cm
八方だし(出汁10 味醂 0.5 塩 微量 薄口醤油 微量)
芝海老·····50g
ヨモギ·····30g

[菜の花]
菜の花をよく洗う。沸かした湯に塩ひとつかみを入れ、菜の花をさっとゆでる。(30秒) ザルに上げてから冷水にとり冷ましておく。しっかり絞ってから八方だしに浸けておく

[ウド]
ウドは4cmの長さに切り、厚めに皮を剥いて千切りし酢水に放っておく。湯を沸かして酢(適量)を加え、千切りにしたウドをさっと茹でる。(20秒)ザルに上げ冷水に浸ける。水気をきり八方だしに浸ける

[芝海老]
粗く刻み、酒大1 塩少々をまぶしておく。

①フードプロセッサーにはもすり身を入れてかく拌する。昆布出しを3回に分けて加えなめらかにする
②さらにおろした大和芋と出し溶き浮き粉も加え、よりなめらかにする
③すり身の2/3に細かく刻んだヨモギを混ぜ合わせる
④残ったすり身1/3に芝海老を混ぜる。
⑤流し缶にヨモギの入ったすり身を均等に入れ、その上に芝海老の入ったすり身、残りのヨモギの入ったすり身の順に入れる
⑥表面を平らにならして空気を抜く。ラップをかけて弱火で20分蒸す
⑦蒸し上がりの確認は竹串を中心に差し込み、温かくなっていればよい。6等分に切り分ける
⑧温めたお椀にしんじょ、その上にウド、菜の花を盛り吸地をかける

春を告げるシャブシャブ

キンメ ..... 1kg　身をそぎ切りにする
生若布 500g
クレソン 300g

クレソンは羅漢の裏庭にある小川で採れます。
春に水揚げされる「生若布」はまさに春を告げる食材ですが、手に入らない時には、肉厚の塩若布を薦めます。

［タレ］
①土佐酢を作る鍋に 800cc（だし 6：酢 1：淡口醬油 1）を入れ温める。梅干 3 個、ショウガの皮 3 枚、タカノツメ 1/4 本、かつお節 10g を入れ強火にかける
②煮立ったら弱火にして 20 分程煮込む
③熱いうちに布漉して、土佐酢を仕上げる。冷ましてから使う

夏

万緑の中へ、ようこそ

水を張った田んぼに雲が映り、まだ青い稲が風に揺れています。あらゆる植物がぐんぐんと伸び始めて、さまざまな緑が目に鮮やか。初夏の羅漢は、なんだか山の精がたくさん降りてきたようでにぎやかな季節です。敦子さんが近所の貴僧坊へお水を汲みに行くというので一緒に行くことにしました。この貴僧坊水神社はブナの原生林などで知られる天城山の恵みを受け、湧き水がこんこんと出ている場所。この辺りでは、火山だった天城山で濾過された水が豊富に湧き出ていて、ワサビ沢などもそうした自然の湧水を利用して作られてきました。敦子さんは、お出汁にお茶、ご飯にもこのお水を使います。毎日の水汲みは、一仕事ですけれど、羅漢のお料理にこのお水は欠かせないものなのだそう。「地のものを、地のお水で炊く。これ以上に贅沢なことはないですよね」と敦子さん。一杯のご飯にも、手をかけた味わいがしっかりと仕込まれているのが、羅漢らしさなのです。

初夏の羅漢は、深緑。若やいだ緑よりもしっとりとした皆の緑をイメージしたグリーン尽くしの食卓を作っていただきます。まずは朝汲んできた湧水を使って、竹筒でご飯を炊きます。これは、長い竹を背の高さくらいに切って横にして節に穴をくりぬき、そこにご飯と水、昆布をいれて炊いたものです。この時期の竹はまだ若くて水分をたっぷり含んでいるので、竹からも汁が出て、ほんのりと竹の香りがついた野性的なご飯ができあがります。お庭の炉に火を熾して強火で燃していくと、竹筒に焔がからんでやがて真っ黒になり、竹筒から水分が出てきます。10分ほど蒸らして、竹の蓋を開けると青くさわやかな竹の香りがスッと立ち上ります。このご飯を美味しくしてくれる「ご飯の友」として、お出汁を引いたあとのカツオと昆布を使った佃煮に、暑い日にも食が進むぬか漬けを用意していただきます。「食べるものに熱をいれるって不思議なものでね、電気よりガス、ガスより直火、直火よりお日様…という順番で、うまみ成分を凝縮してくれる

力があるように思うんです」と敦子さん。なにごとも丁寧に、じっくりと素材そのものに向き合う敦子さん。シンプルな調理法の一品であるほどに違いを感じるのは、こうした手間ひまを惜しまない自然とのお付き合いに秘訣があるのかもしれません。お魚は、鯛の山椒焼き、そらまめ、タケノコ、木の芽を合わせます。揚げ物はグリーンピースのコロッケ、和風仕立てのヴィシソワーズは冷やして、初夏らしい旬の緑のものをたっぷり並べました。汗ばむような陽気の中、木陰に出したテーブルに冷酒を用意して青い紅葉を飾って涼を取ります。夏の床の間には、苔のついた大きな軽石をひとつ。無彩色のなかに、深く滑らかな苔の緑が息づいて、目に焼き付くような鮮やかさを感じます。表は燦々と太陽が輝く夏の日差し、でもこの床の間を中心にして、お部屋には不思議な静けさと涼やかさが漂っていました。陰と陽。夏の深緑に、深く呼吸をします。

新じゃがのすり流し

じゃが芋（男爵）…… 大3（350g）
玉ねぎ …… 小1/2
豆乳 ……200cc
水 ……200cc
薄口醤油 …… 大1
コンソメ ……5g
つゆ（割合　出汁6：醤油1：味醂1：花かつを0.5）……100cc
板ゼラチン ……2.5g
すりおろしたワサビ …… 適量

①じゃが芋は薄い半月切りにしてしばらく水に浸ける
②玉ねぎは薄切りにする
③鍋に大1の油をひき、水気をきった①，②の野菜を入れ焦がさないようにゆっくり炒める
④水を足し、コンソメ、薄口醤油を入れて味を調える
⑤フードプロセッサーに④と豆乳を入れて混ぜ合わせなめらかにする。器に入れて冷蔵庫で冷やしておく
⑥鍋につゆを入れて火にかけ、ふやかした板ゼラチンを加えて溶かす。粗熱を取ってから冷蔵庫で冷やし固める。⑤のすり流しに固まった⑥の汁を崩しながらのせる。すり下ろしたワサビをのせる

蓮根の梅肉和え

蓮根 ……120 ～ 150g
梅肉 …… 大1 1/2
濃口醤油 …… 大1/2
煮切った酒 …… 大1

①蓮根は皮を剥き、乱切りにする
②酢（分量外）を少量を加えた水でゆで、ザルに上げておく
③調味料を合わせておき、蓮根が温かいうちに混ぜ合わせる
④半日置き、味をしみ込ませる

グリーンピースコロッケ

グリーンピース ……100g
玉ねぎ …… 小1/2
ベーコン ……2枚
じゃが芋 …… 中1コ
塩 …… 少々
胡椒 …… 少々
小麦粉 …… 適宜
卵 …… 適宜
みじん粉（あられ）…… 適宜
※くだいたクラッカーでも代用可

①グリーンピースは塩を振ってこすり合わせておく
②①をやわらかくゆでる。ザルに上げて水気を切って、温かいうちにすりこぎ棒で粗くつぶす。ゆでてピュレ状にしたじゃが芋を加え混ぜ合わせる
③玉ねぎはみじん切り、ベーコンは細かく切って炒める
④②と③を合わせ、塩、胡椒で味を調える
⑤俵型に形をつくり、小麦粉、溶き卵、みじん粉の順につけて170℃の油で揚げる

山椒焼き

白身魚（鯛、すずきなど）……5切
空豆 ……15ヶ
木の芽 ……15枚
卵白 ……1コ
淡口醤油 …… 小1
塩 …… 小1/2

①魚に振り塩（分量外）をして1時間置く。その後水気をふく
②空豆は皮を剥き、塩ゆでしてうちわであおいで冷ましておく
③①の魚に塩をして焼く
④卵白に淡口醤油、塩を混ぜ、メレンゲ状に泡立て、木の芽を加える
⑤9割程焼けた魚の上に④のメレンゲをのせ、空豆を飾り焼き上げる

竹御飯

孟宗竹の生竹を使用。
初夏までの青竹には水分があり、ご飯を炊く時にその竹の水分と甘みと香りが含まれ、美味しいご飯が炊ける。
「竹の準備」
太目で節間の長い竹を使用。
一節間を残して釜戸の縁にかかる程度の長さに切る。
お米が入る部分の口を竹専用ののこぎりで、長方形に切り落とし、中をきれいに水洗いする。
「米の準備」
米（6合）を洗っておく。
竹の中に米（6合）、水（米の量の1.3倍）、昆布（5 × 15cm）1枚を入れ、米が均一になるように左右に揺する。
「釜戸」
①釜戸の火をおこす。火力が竹全体に行き渡るように火をおこしておく。
②竹を設置する。
③竹全体に火がからむように薪を足しながら、焚きつける。
④蓋の隙間からグツグツと泡が吹き上がってきても蓋は開けない。
⑤ 30分位燃やしていくと泡が噴きこぼれなくなっていき炊き上がった状態になる。
⑥釜戸からおろし、しばらくの間蒸らす。

出汁を引いた後の かつをを使ってのつくだ煮

軽く乾いた状態の花かつを ·····40 ～ 50g
味醂醤油（割合　味醂6：醤油4）·····100cc
好みで
松の実 ····· 大1弱
胡麻 ····· 大1弱
けしの実 ····· 大1弱

①かつをを盆ざるに広げて軽く乾かす
②鍋に入れて弱火で煎りながら、味醂醤油を霧吹きに入れ、全体になじむように吹きながら煎り煮する。
※味醂醤油は焦げやすいので火加減に気をつける
③仕上がり間近に煎った松の実、胡麻、けしの実など加えて仕上げる

漬け物

大根、カブ、きゅうり、みょうが、人参、エリンギ、赤カブ、長芋、はやと瓜

<盛りつけのポイント>
※ぬか床には時々ぬかを足していきますが、季節によってはタカノツメ、昆布、山椒、干した柿の皮、みかんの皮、また柚子の皮を足します
※どんな野菜も漬けることは出来ると思いますが、生だと固すぎる野菜は下茹でしたり（牛蒡、里芋など）、陰干ししたりと下処理をしてから漬けて下さい
※見て美味しく、美しい盛付けを心がけるには
色、高さ、バランスをポイントにして下さい。
色は（白、黄、赤、青、黒）から成り立っていますが、赤は華やか（人参、赤カブ、茗荷、赤パプリカ、トマト）、緑、黄は爽やかな（きゅうり、芽キャベツ、青菜、南瓜）彩りになります
※もし、黒っぽい料理の時には、ちょっと緑色の食材を添えると引き締まります
※「向こうを高く、手前を低く」または「中央を高く」と立体感を出すことも大事になります
※器と料理の量のバランスは、7:3、8:2（食材:器の余白）の余白があるとスッキリ見えます
※上手く盛り付けられない時は、そこに食材を足していくのではなく、減らしてから足していくようにしましょう

秋

実りの秋、豊作を祝う御膳

風が、開け放した窓から通り抜けるようになったら、羅漢の秋が始まります。裏庭に咲いたコスモスも風に揺れて、長かった夏の暑さから解放されたゆるやかさを感じます。「夏はもやっとした感じがあって、蝉の声で一日が始まるのね。でもある日、風がふと吹き抜けて、あら秋が来た、という日があるんです。やがて鈴虫の声がして、紅葉も踊りながら舞っていくようになると、いよいよ秋も深まって冬が近づいて来たんだなって思うのよ」と敦子さんは言います。敦子さんは、空の色、夜の音、風の匂いなど、日々営まれている自然の小さな変化にもとても敏感です。その感性を通じて、中伊豆の美しい自然や四季の移ろいが、羅漢のお料理やおもてなしの中に次々と表現されているのです。そこには、派手な演出は一つもなくて、淡々と静かに、日々を愉しんで生きる秘密が隠されています。

「秋は食材の味もぎゅっと濃くなって、実がしまっていくような感じがありますね」という敦子さん。爽やかな日差しのもとで、実りの秋の豊作を祝うようなお料理を作っていただきました。まずは、伊豆の人たちがよく作る田舎ずし。椎茸やサクラエビ、たまご、にんじん、ツナなどを具材にした気軽なお寿司ですが、昔、のし餅などを入れるのに使われたきりだめに盛り付けをすると、華やかな色合いが目にも鮮やかで、大勢の人が寄り合うような時にはうってつけの一品。敦子さんのお母様も、人寄せの時などによく作ってくれたそうです。甘めに味付けしたお寿司は夏の疲れを引きずる体にも優しく、後を引く味わい。次に、さっぱりとした味で、秋らしい食用菊の花びらを美しくあしらった牛肉の冷菜。揚げものは、銀杏とあられの衣をつけた鯛、サクラエビのミンチをつけた海老、レンコン、サツマイモ、もみじ麩、稲穂など、秋らしい食材を使ったふきよせ揚げ。てっぺんに飾られた稲穂は、茎の部分を持って熱い油の中に入れると、ポップコーンのように弾けて、真っ白な米粒がむき出しになったところで引き上げます。敦子さんらしい趣向を凝らした秋の食卓です。四季折々に全く表情を変える羅漢の床の間、今回は見事な金の衝立に、可愛らしいお面とススキが飾られています。「床の間って、必要のない空間じゃないですか。でもあれがあることで、実はお部屋って全然違うの。床の間がある、ということを意識するだけで、お家の中の楽しみ方が変わるっていうのかしら。」床の間って宇宙みたいなもの、と敦子さんは言います。たった一輪の花が、無限とも思えるような広がりを生む。日々の暮らしの中で自然を感じ、その美しさをこれほど洒脱に感じ取れるのは、確かにこの「床の間」という日本人らしい発想が生んだ空間ならではかもしれません。

田舎寿司

寿司酢 ….. 酢6：砂糖4：塩1の割合で作る
米 …..6合

①炊き上がったご飯に寿司酢200mlを加え、ご飯を潰さないよう切るように混ぜ合わせておく
②酢飯を浅い木箱にふわっと詰め、取り分けやすいように一口大に仕切る

干椎茸

椎茸 …..6枚
もどし汁 …..150ml
砂糖 ….. 大3
酒 ….. 大3
醤油 ….. 大2

①干し椎茸はひたひたになるように水に漬け込み冷蔵庫に入れて1日置く
②鍋に椎茸の戻し汁と調味料を合わせ軸を取った椎茸を入れて強火にかける
③アクをすくう
④煮立ったら火を弱め煮汁がほとんどなくなるまで煮詰める
⑤冷ましてから薄切りにする

干し桜海老

干し桜海老 …..100g
砂糖 ….. 大3
濃口醤油 ….. 大2
味醂 ….. 大2
酒 ….. 大2

①フライパンに干し桜海老を入れて弱火でから煎りする。香りが立ち、色が鮮やかになったら一旦取り出す
②鍋に調味料を全て入れ弱火で少し煮詰める。桜海老を一気に入れて手早く絡める
③汁がなくなったら火を止めてクッキングシートに広げて冷ましておく

まとめ
一口大に仕切った寿司飯の上に一列ずつに具材を並べていく

卵

全卵 …..3ヶ
卵黄 …..1ヶ
砂糖 ….. 大2
味醂 ….. 大1
塩 ….. 小1/4

卵を割り、白身を切るように溶く。調味料も加える。よく混ぜ合わせて、フライパンに溶いた卵を入れ火にかける。5本箸でかき混ぜていき、ポロポロ状態になったら火からおろし、余熱で固める

人参

ニンジン ….. 小1本
だし…大2、味醂…大1、砂糖…大1、
薄口醤油…大1

①皮を剥いて3等分に切り分ける
②細めの千切りにする
③フライパンに油を引いてニンジンを炒め、少しニンジンがしんなりしてきたら調味料を入れ汁気がなくなるまで炒める

シーチキン

ツナ缶 …..1缶（135g）
砂糖 ….. 大2
味醂 ….. 大1
薄口醤油 ….. 大1 1/2
卵 …..1個

①ツナは缶から出してザルにあける
②汁気を切る
③鍋にツナと調味料を合わせよく混ぜ合わせておく
④火にかけ菜箸でほぐしていきふっくらとするように炒める

絹さや

絹さや …..8枚
塩 ….. 適量

①絹さやは筋を取り、中に入っている種も取る
②千切りにして塩をまぶしておく
③熱湯でサッとゆで、水にさらしてザルに上げる

吹き寄せ揚げ（5人分）

白身魚……5切
卵白……1コ
小麦粉……適量
さつま芋……1/2本
くちなし……1コ
蓮根……5cm
もみじ麩……5切
稲穂……5本
すだち
あられ……適量
銀杏……20ヶ
ブラックタイガー……5本
桜海老……50g
片栗粉……適量
塩……適量

あられ揚げ
①白身魚を一口大強に切り、塩少々をふって小麦粉をまぶす
②キッチンペーパーで漉した卵白にくぐらせる
③あられを白身魚全体につける
④170℃に熱した油にすべらせるように入れ揚げる
⑤熱いうちに塩を振る

銀杏揚げ
①銀杏の殻と薄皮を剥き、粗みじんに切る
②白身魚を一口大に切り、塩少々をふって小麦粉をまぶす
③キッチンペーパーで漉した卵白にくぐらせる
④魚の片面に粗みじんにした銀杏を軽く押しつける
⑤170℃に熱した油にすべらせるように入れ揚げる
⑥熱いうちに塩を振る

さつま芋
①5mm厚さに切り、イチョウの抜き型で抜く
②水に漬けてあく抜きする
③色出ししたくちなしの汁にさらに漬ける
④水気を切ったさつま芋を160℃の油で揚げる

桜海老揚げ
①ブラックタイガーの背ワタを取って背開きにし、まな板の上に並べ、その上にラップをかけて、すりこぎ棒で平らにのばしていく
②桜海老、ブラックタイガー2本をフードプロセッサーにかけよく混ぜ合わせる
③広げたブラックタイガー3本の上に片栗粉を表面につけ塩少々を振る
④その上にペースト状にした桜海老を全体に伸ばしさらに片栗粉をまぶす
⑤170℃に熱した油にすべらせるように入れて揚げる
⑥半分に切る

もみじ麩
1cm幅に切ったもみじ麩を160℃の油で揚げる

稲穂
200℃に熱した油で揚げる

蓮根
薄くスライスして160℃の油で素揚げする

まとめ
器にあられ揚げ、銀杏揚げ、桜海老揚げを立てかけるように盛り付け、蓮根、さつま芋、もみじ麩、稲穂を添える。手前にすだちを置く

牛肉冷シャブの菊見立（5人分）

牛肉（しゃぶしゃぶ用）·····600g
水菜·····1/2 束
もって菊、黄菊
漬け汁·····だし 3カップ：酒 小1：薄口醤油 大1：塩 小1弱
タレ·····濃口醤油 大1：米酢 大1：だし 大4
※ひと煮立ちしておく

①牛肉は調理する30分前に常温にし塩麹大2（分量外）をまぶしておく
②鍋に湯を沸かしたら、水を入れて温度を下げる（70℃～80℃になるぐらいに、お肉を固くさせないため）
③牛肉を1枚ずつ湯に通し色が変わったら冷水に取る
④水菜は熱湯に塩少々（分量外）を入れ、サッとゆで3～4cm程に切って漬け汁に30分漬ける
⑤牛肉、水菜の汁気を切り混ぜ合わせる
⑥器に盛り付け、タレをかける
⑦もって菊と黄菊の花びらをむしり、肉の上に散らす

Feliz Navidad!

世間ではネオンがいっそう明るくなる年の瀬ですが、日本家屋の羅漢では、夕暮れ時ともなると部屋の隅から暗闇が忍び寄ってくるような季節です。木々の葉も落ちて、田んぼの稲もすっかり刈り取られ、外は冬らしい枯葉色。でも敦子さんはこのクリスマスシーズンが大好きといいます。耳をすませたら、凍てついていく音まで聞こえてきそうな夜。床の間にも、聖夜らしくキャンドルを使った間接照明を灯して、明かりをとります。「外に色がなくなってくる季節には、例えばポツンと赤を置くだけで、暖かさを感じられるものですよね」といいながら、取り出したのは真っ赤なガラスのお皿。実は敦子さんが亡きご主人と出会った30年ほど前に、メキシコで買い求めたものだといいます。日本にはないこの鮮やかな赤いガラスを差し色に、金と銀をテーマにした大人のクリスマスを演出していただきます。

クリスマスのディナーをしつらえていただく土間は、和風でも洋風でもなく羅漢風としかいいようのない空間です。南米から持ち帰った重厚なテーブルセットと革張りのソファに、ジュークボックスから流れてくる古いジャズのナンバー。画家の友人が描いてくれたメキシコの少数民族の子ども達の絵が明るく壁を彩り、薪ストーブではパチパチと音を立てて火が燃えています。アンティークのガラスコンポートに盛られているのは、シャンパンといただくおつまみ３種。サーモンをくるくると巻いたパイ、紫色とオレンジが目に鮮やかなコウシン大根とニンジンのフライ、サワークリームで作るハマグリの冷製。メインになる二品は、クリスマスらしい鴨のローストと、鯛の蒸し物に赤カブのソースを添えたもの。錫や銅といった金属とガラスのお皿、金と銀の陶器を使ったテーブルセッティングに、小さな手元キャンドル、深い針葉樹のグリーンと冬の実の赤がはえています。四季折々、さまざまな植物を上手に室内に取り入れている敦子さんですが、花屋さんで植物を買うことはほとんどないそう。「ここは建物も古いでしょう？だから真新しいものは馴染まないんでしょうね。私はアンティークばかりでなく、ホームセンターのものだってもちろん使うのだけれど、お部屋を上手にしつらえるコツというのは、その場に馴染まないようなものは持ちこまないってことかしら」と話してくれました。植物だけに留まらず、その時期だからこそ、ここだからこそできることを、と考えるのが敦子さん流、羅漢の流儀です。作り込んでかしこまって、居づらくさせるような場所ではなく、お客様もその場に馴染んでいってくれるようなそんな場づくりを心がけているそうです。そんな敦子さんの聖夜は、お祭り騒ぎではなくて、家族で過ごす静かなヨーロッパのクリスマスのように、慈愛に満ちた暖かい夜です。

鴨肉の醤油煮

鴨肉 ·····2 枚

<煮汁>
砂糖 ····· 大さじ 1
味醂 ·····1/2 カップ
醤油 ·····1/3 カップ
酒 ·····1/2 カップ
水 ·····1/2 カップ

牛蒡 ·····15cm
ほうれん草 ·····1/2 束
里芋 ·····4 個
豆乳 ·····80cc
一番出し ·····2 カップ
塩 ····· 少々
淡口醤油 ····· 小さじ 1

①鴨は余分な油や筋をそぎ落とし、フォークで両面を刺す
②煮汁の材料は全て鍋に合わせておく
③フライパンを熱して、サラダ油をなじませて、鴨の皮目を下にして入れ、中火強の火加減で強目の焼き色がつくまで焼き、返して身側をサッと焼き取り出す
④鍋にたっぷりの湯を沸かして、鴨を入れ、脂抜きをする
⑤煮汁を中火にかけ、煮立ったところに④の鴨を皮目を下にして入れ、表裏各 3 ～ 4 分煮る
⑥皮目を下にして煮汁に漬けておき、味を含ませる

[牛蒡]
①牛蒡は千切りにして水に浸けておく
②水気を切り、180℃に熱した油に入れ、箸でパラパラかき混ぜながら、カリッと揚げる
[ほうれん草]
フライパンに、4 等分に切ったほうれん草を入れ、酒大さじ 1、水大さじ　1、塩少々を入れ、蓋をして 1 分半蒸し煮する
[里芋]
①里芋は塩でもみ洗いし、弱火で 5 分程ゆで、ぬめりをとる
②だし汁、塩、薄口醤油と里芋を鍋に入れて煮る
③フードプロセッサーに、②と豆乳を入れ、ピュレ状にする
※盛りつけは、器に里芋ソース、ほうれん草、スライスした肉、煮つめた煮汁をかけ、牛蒡をのせる

サーモンパイ

冷凍パイ生地 ·····1 枚
スモークサーモン ·····100g

①パイ生地を常温に戻しておく
② 15 × 20cm ぐらいにのばす
③スモークサーモンは薄くそぎ切りにする
④パイの生地の上にサーモンを敷きつめていく
⑤空気を入れないようにクルクルと海苔巻きの要領で巻く
⑥冷凍庫で固める
⑦半解凍にして 1.5cm の厚さに切る
⑧オーブン 190℃で 40 分程焼く

蛤のショーフロア

蛤 ····· 大 5 個
酒 ····· 大さじ 3
サワークリーム ·····50g
レモン汁 ····· 少々
ディル ····· 少々

①蛤は、流水で軽く洗いザルにあげておく
②鍋に蛤､酒大さじ 3 を入れて蓋をして火にかける（中火）
③口が開いたら取り出して、身をはずしておく
④残った煮汁を少し煮詰めて、サワークリーム、レモン汁を加える
⑤さらに煮詰めて、トロッとしてきたら火を止める
⑥粗熱を取ってから冷蔵庫で冷やし固める
⑦蛤をカラにのせ、ヘラを使って固まったクリームを覆うように塗り、ディルと赤胡椒をのせる

カラフル人参と紅芯大根のフライ

黄人参、白人参
紅芯大根
コンソメキューブ ·····5g
塩・胡椒　適量
小麦粉
卵
細かめのパン粉

①黄人参、白人参、紅芯大根を 2cm 角　長さ 5cm の拍子木切りにする
②鍋に 250℃の水とコンソメキューブ 5g を入れ、火にかけ、①の野菜を入れて煮る
塩、胡椒で味を調える
③串で野菜をスッと刺せたら、火からおろす
④水気を切った④の野菜を小麦粉、卵、パン粉をつけて 160 度の油で揚げる
⑤縦半分に切る

鯛の赤カブ餡かけ

鯛 ·····4 切
赤カブ ·····80g
絹さや ·····4 枚
蓮根 ····· 小 1/2 コ
吉野葛 (クズ粉)····· 大さじ 1　1/2

【調味料 A】[鯛]
酒 ····· 大さじ 3
塩 ····· 小さじ 1

【調味料 B】[鯛]
一番出し ·····100cc
塩 ····· 小さじ 1/2
淡口醤油 ····· 小さじ 1

【調味料 C】[蓮根]
二番出し ·····150cc
塩 ····· 少々
薄口醤油 ····· 少々

【下準備】

[赤カブ]
①赤カブは皮を剥き、おろし金で摺りおろす。(目の細かいおろし金を使うと、よりやさしい舌触りに仕上がる)
②摺りおろしたカブは、すぐにキッチンペーパーを敷いたザルに入れ、そのまましばらくおいて水分を自然に落とす

[鯛]
鯛は振り塩 (分量外、魚の重量の 2%) をして、一時間程置く

[絹さや]
①スジをとり、沸騰した湯の中に入れ、サッと湯がく
②冷水にとり、半分に切っておく

[蓮根]
①皮を剥いて 5mm 幅位に切り、さらに半分に切っておく
②鍋にお湯を沸かし大 1 の酢を入れて下ゆでする
③鍋に調味料C（だし汁 1 カップ、塩、薄口醤油　各少々）と蓮根を入れて煮含める

①鯛は水気をよく拭き取り、バッドに並べて、調味料 A（酒大さじ 3、塩小さじ 1）を振りかける
②蒸気が上がったら、蒸し器に入れて 10 分程蒸す
③鍋に 100cc の出し汁、調味料 B（塩小さじ 1/2、淡口醤油小さじ 1）を入れ、火にかけて沸いたところで、摺りおろしたカブを混ぜ合わせ、再度、沸いたら水溶きの吉野葛 (クズ粉)　大さじ 1　1/2 を流し入れる
④餡に艶が出てきたら火を止める
⑤盛り付けた鯛の上に餡、ゆでた絹さや、蓮根を添える

ブロカント・カフェ
青木久美子（クミック）

大学では写真を専攻。頭でっかちな田舎娘はたっぷりフランス映画やアートの洗礼を受ける。大学卒業後、フランスに遊学。帰国後はインテリア雑貨の企画&バイヤーを経て、フランスに10年ほど滞在。2006年に帰国、富士宮市でブロカント・カフェをオープン。

チムグスイ 主宰
鈴木七重

グラフィックデザイナーの傍ら、自身のアレルギー体質改善のためにハーブやアロマセラピーを用いた植物療法を出会い15年以上に渡り実践。生活をシンプルにし、植物の力を取り入れるうちに、心と体が調和していく体験から本格的に植物療法を学ぶ。2009年より講座を開始。2013年よりハーブやアロマ製品のオリジナルブランド『チムグスイ』をスタート。2017年『plant life desigh lab』をオープン。植物を衣食住に取り入れ、ホリスティックに心と体を整える暮らし方をさまざまな方法で伝えている。
チムグスイとは沖縄の言葉で『魂のくすり』の意。
https://www.chimugusui.com/

撮影 行貝チエ

東京都出身。2012年、東京から伊豆半島へ移住。演劇、農業、フォトコラージュを通過して、現在写真家に至る。突き抜けた世界観と独自のユーモアで【境界】をテーマに写真を撮る。人でも物でも熱量を感じるものしか撮影しない。2012年に始動した劇場型移動式写真館のプロジェクト【行貝写真館】や【表情研究所】など、かつてない写真の可能性を追求し続けている。雑誌Baratteにて「コラージュ四十八手」の連載中。

撮影 望月やすこ

フリーカメラマン。猫は15年を生きると猫又という妖怪になると聞いた。カメラマンになって20年を過ぎた私は、現在二人の息子たちに「鬼～！」と呼ばれている。…が,「魔女」という魅力的な響きで呼ばれたことは、未だない。本書では「鈴木七重」という魔女の撮影をさせていただいた。彼女の、秘密めいた話の時にこそ出る美しい笑顔や、雑然と見せたしつらえにめぐる緊張感、など裏側めいたモノを少しでも写すことができていたら幸いである。2014年より朝日新聞エムスタ「おバかわいいね写真館」を連載中。

穂谷野奈緒美

これまで旅した国は30ヶ国以上に及ぶ。
独身時代はジュエリーショップを営み、宝石の買い付けと美味しい料理を求めて世界を巡る。旅の目的は観光だけでなく、その国の歴史や文化を背景とした衣食住に触れること。その学びが、現在の生活術におけるインスピレーションの源となっている。年代やブランドに関係なく、ものを愛おしんで使い、また独自の審美眼を大切にしている。
第12回　家庭画報大賞　夢のある楽しい暮らし　コーディネート作品部門大賞受賞

羅漢
加藤敦子

三島市出身、文化女子短期大学部生活造形学科卒
1987年渡墨、翌年陶芸家　加藤千博と結婚。四年半のメキシコ生活を経て、1992年に帰国、伊豆市に築窯。
[器は料理を盛ってはじめて器となる]というコンセプトから一日お一組のお持て成しを始める。2008年に亡き夫の遺志を受け継ぎ羅漢を再開。料理の礎をつくってくれたのは母と祖母。師は、周りの景色。移ろう日々の季節を表現する盛り付け、絵を描くような気持ちで、自分自身が楽しみながら。気取らず、気張らず、自然体でありたいと思っている。

撮影　杉本光俊

グラフィック・WEBデザインを制作を手がける 株式会社アントレ・サン・フラッペ代表取締役兼アートディレクター。販促物の企画から写真撮影、デザイン、WEBコーディングを行い美術館やギャラリーのSP、製菓製造販売のSPを得意とする。静岡デザイン専門学校非常勤講師。受賞歴は、JAGDAグラパ賞、愛知建築賞／最優秀賞、富山プロダクトデザインコンペティション／黒木靖夫特別賞 などWEB、アート、デザイン、写真、プロダクトなど。デザインの仕事の他、板絵（アート作品）の個展、アートワークショップを各地で開催している。

撮影　多々良栄里

静岡生まれ藤枝育ち。2000年第6回酒田市土門拳文化賞にて「松下君の山田錦」（30枚組）奨励賞受賞。コニカ フォト・プレミオ選出。
2005年にフォトストーリーブック「おばあちゃん劇団ほのお 大石さきと愉快な仲間たち」（新風舎）を出版。2012年には藤枝の人と風景が主役の写真集「さようであるならば」（蒼穹舎）を出版。個展に旧大井川町の風景を先祖に捧げた「花を手向ける」、日常に現れた美を捉えた「瞳の奥」など。現在は東京都在住。写真家。

『魔女の食卓』

2017年7月26日初版発行

企画・編集　静岡新聞社 出版部
装丁・デザイン　野村道子（bee's knees-design）
原稿制作　静岡新聞社 出版部
佐野真弓（フリーライター）　P46〜82／P84〜120
撮影　行貝チエ　P8〜44
望月やすこ　P46〜82
杉本光俊　P84〜120
多々良栄里　P122〜157
発行者　大石剛
発行所　静岡新聞社
〒422-8033　静岡市駿河区登呂3-1-1
電話054（284）1666（出版部直通）
印刷・製本　シナノパブリッシング プレス

ISBN 978-4-7838-0777-3 C0077